Treibhäuser der Zukunft

Wie in Deutschland Schulen gelingen

Eine Dokumentation von Reinhard Kahl. Produktion: Archiv der Zukunft

ARCHIV DER ZUKUNFT

Eine Initiative von Reinhard Kahl und der Deutschen Kinder- und Jugendstiftung

Der Film „Treibhäuser der Zukunft" ist Hartmut von Hentig gewidmet.

Diese Absicht stand schon fest, bevor Hartmut von Hentig den Film öffentlich gelobt hatte. Aber für einen Moment schien sie mir nun doch fraglich, schließlich gibt es ja genug Zitier- und Lobkartelle. Doch der Wunsch, ihm mit dieser Widmung etwas zurückzugeben, setzte sich über den Zweifel hinweg.

In den Jahren 1966/68 war ich ein ziemlich altkluger Schülerrevolutionär in Göttingen. Mit etwas Marx, Marcuse und Freud, die wir gierig lasen, glaubten wir, die Geheimnisse der Welt gelüftet zu haben. Wir wussten ja praktisch alles. Die frisch entdeckte kritische Theorie war wie ein Zauber, mit dem wir die Welt im Kopf und vielleicht auch bald in den Händen wähnten. Wir bezweifelten alles, an uns selbst zweifelten wir weniger. Da gab es an der Universität einen jungen Professor der Pädagogik, der selbst nie Pädagogik studiert, der aber seine eigene Pädagogik erfunden hatte: Hartmut von Hentig.

Seine durchaus skeptische Sympathie für uns Schüler löste bei uns Antiautoritären mehr Zweifel am aufkeimenden Dogmatismus aus, als manch gut Gemeintes, das uns ins Gewissen geredet wurde. Das war ein zum Glück rechtzeitiger Schutz gegen die schon im antiautoritären Protest aufkeimende neue Dummheit. Dafür bin ich ihm dankbar. Es war auch die erste Erfahrung mit seiner Pädagogik. Davon blieb mir die Maxime, dass das indirekte Spiel wirksamer ist als direkte Einflussnahme. Respektvoller und schöner, ja, eleganter ist sie sowieso. In seinem kürzlich erschienenen Buch über Rousseau schreibt Hartmut von Hentig: „*Die größte Gefahr kommt der Pädagogik von ihrem eigenen Zweck. Will sie einen guten Menschen »machen«, wird sie ihn nicht bekommen.*"

Hentig fasziniert durch sein Denken, in dem wie ein Wasserzeichen immer die Signatur seiner Person durchscheint. Das Beispiel wirkt als Schutz gegen den vorschnellen Glauben an die Objektivität von Wissen, vor allem gegen die – wie er es nennt – „Flucht vor dem Denken ins Wissen". In seinem zuletzt erschienen Buch „Wissenschaft" fasst er zusammen: „*Wissenschaft muss mehr sein als Beschaffung von Daten und die Feststellung von Beziehungen; Daten und Beziehungen, die kein Denken auslösen, sind nicht wert, gewusst zu werden.*"

Hartmut von Hentigs explizite Grundidee für die Schule heißt, dass sie wie eine Polis sein soll. Eine überschaubarer Ort, an dem jeder erfährt, dass er gebraucht wird. Eine erste Öffentlichkeit, in der man es genießt, gesehen zu werden und in der man lernt, sich zu exponieren. Ein geschütztes Laboratorium, in dem man Fehler machen darf. Mit Hentigs Worten: „*Wenn eine Gesellschaft ihre jungen Menschen nicht braucht und sie dies ausdrücklich wissen lässt, indem sie sie in Schulen, an Orten, von denen nichts ausgeht, kaserniert und mit sich selbst beschäftigt, sie von allen Aufgaben ausschließt, dann zieht sie ihre eigenen Zerstörer groß.*"

Eine Idee für „Treibhäuser der Zukunft" ist, dass Schulpolitik, die sich auch als Klimapolitik versteht, bei Kindern und Jugendlichen die nachhaltigsten Wirkungen haben wird: auf ihre kognitiven Leistungen, auf ihre Fähigkeit und auf ihre Bereitschaft, Probleme zu lösen und schließlich auf ihre Lust zu handeln. Für viele Inspirationen danke ich Hartmut von Hentig. Natürlich ist er für nichts haftbar zu machen. Das geht schon damit los, dass er bei dem Titel an holländische Tomaten und Kunstdünger denkt. Die sind natürlich nicht gemeint.

Dank

Besonderer Dank geht an das Bundesministerium für Bildung und Forschung und an die Deutsche Kinder- und Jugendstiftung.

Ohne die finanzielle Förderung des Ministeriums würde es den Film und das umfangreiche DVD-Projekt nicht geben. Die Produktion wäre allerdings auch nicht ohne dessen Zurückhaltung möglich geworden. Ich hatte alle Freiheit. Ja, ich habe noch keinen Auftraggeber erlebt, der sich, nachdem er die Grundidee akzeptiert hatte, völlig heraushielt.

Dafür danke ich insbesondere Hans-Konrad Koch, Petra Jung und Annette kleine Stüve.

Mit der Deutschen Kinder- und Jugendstiftung hat während der Entstehung dieses Films eine vielversprechende Zusammenarbeit begonnen. Wir haben gemeinsam das „Archiv der Zukunft“ in Angriff genommen, mit dem wir vor allem Bilder des Gelingens verbreiten wollen. Wir glauben, im Porträt des Gelingens liegt im Zweifelsfall die schärfere Kritik als im wiederholten Anprangern manchmal hoffnungslos scheinender Verhältnisse.

Auch hier hat die Kooperation, für die ich dankbar bin, einen Namen: Heike Kahl. Um Missverständnisse zu vermeiden, müssen wir immer gleich hinzufügen: „nicht verwandt und nicht verschwägert“. Aber ziemlich wahlverwandt.

Team und Mitwirkende

Treibhäuser der Zukunft
Wie Schulen in Deutschland gelingen

von Reinhard Kahl
Buch, Regie und Produktion

Kamera:
Hanno Hart
Torsten Eckold
Uwe Kassei
Pekka Koli
Saul Lintupuu
Alex Mechthold
Georg Pahl
Michael Rath
Ton:
Thomas Stührk
Christine Fürböck
Andreas Glaser
Thea Jurkutat
Jens Hein
Tuomas Pietinken
Eberhard Niethammer
Sandra Staudinger
Schnitt:
Stephan Sautter
Schnittassistenz:
Stefan Corinth
DVD Design und Programmierung:
Stefan Barg

Grafik:
Frank Schöttke u. Thomas Massow, Progress4
Büro und Organisation:
Matthias Ladendorff, Jöran Muuß-Merholz, Rainer Naujoks

Die Mitwirkenden in der Reihenfolge ihres Erscheinens:

Karin Bossaller, Birgit Gamann, Schülern und Lehrern der Schule Borchshöhe in Bremen, Elsbeth Stern, Andreas Schleicher, Manfred Spitzer, Dieter Elsner, Carina Barczewski, Silke Wolf, Simone Schmidtke, Dagmar Gottschall, Peter Fauser, Bettina Beyer, Gisela John, Ellen Burghardt, Schüler und Lehrer der Jena-Plan - Schule in Jena, Hartmut von Hentig, Jürgen Kluge, Jean-Pol Martin, Ludwig Hauf, Michael Sedmeier, Caroline Weber, Sebastian Simmet, Caroline Silvia Maile, Schüler und Lehrern des Willibald-Gymnasiums in Eichstätt, Franz Gresser, Alfred Hinz, Michael Bucher, Johanna aus der 3. Klasse, Marcus Schleicher, Jutta Widmaier, Schüler, Eltern und Lehrer der Bodensee-Schule St. Martin in Friedrichshafen, Bernhard Bueb, Schüler und Lehrer der Schule Schloss Salem, Gisela Erler, Jeanne Rubner, Hermann Kuhl, Monika Teitz, Marlies Bock, Schüler und Lehrer der Martin-Luther-Schule Herten, Ulrike Kegler, Eva Poppe-Roßberg, Christoph Miethke, Schüler und Lehrer der Montessori-Gesamtschule Potsdam, Schüler und Lehrer der Friedrich-Ludwig-Jahn-Sportgesamtschule in Potsdam, Sybille von Katzler, Kaija Kymäläien-Kielaum, Schüler und Lehrer der Max-Brauer-Gesamtschule in Hamburg.

Mitwirkende auf DVD-Exkursen:

Renate Hendricks, Jürgen Hogeforster, Jürgen Oelkers, Jeanne Rubner, Olli Dittrich, Mats Ekholm, Torben Krogh, Birte Sorensen, Walter Baumann, Axel Rehm, Inger Nyrell, Schüler und Lehrer des Tensta Gymnasiums, Stockholm, Markus Salmea, Hans Ahlenius, Titti Turner, Agneta Pettersen, Schüler und Lehrer der Futurum-Schule in Balsta, Pirjo Linnakylä, Jürgen A. Houmann, Kaufmännische Schulen Kolding, Kathy Green, Susanne Wagner, Schüler und Lehrer im Durham Board of Education, Ontario.

Inhaltsverzeichnis

Kleine Gebrauchsanleitung für die Dreifach DVD

Die DVD ermöglicht als digitaler „Datenträger" eine besser Qualität als die Videokassette. Der andere Vorteil der DVD ist, dass auf ihr zusätzliches Material angeboten werden kann. Der Zuschauer hat die Wahl. Die DVD kann sein Werkzeug werden.

Aber auch auf einer „DVD 9", der Typ mit dem meisten Platz, ist der Speicher beschränkt. So verteilten sich die „Treibhäuser der Zukunft" mit allen Interviews und Exkursen auf drei Scheiben, damit hier viel Archiv mit viel Zukunft unterkommt.
Wäre es möglich alle Interviews zusammen mit dem Film auf eine DVD Scheibe zu bringen, könnte man aus allen Interviewsequenzen im Film mit einem Klick über die Fernbedienung (DVD Player) oder die Maus (Computer) in das ausführliche Interview kommen.
Wir haben uns entschieden, die Interviews mit den Protagonisten aus den Schulen (Schüler, Eltern und Lehrer) auf die DVD 1 mit dem Film zu bringen. Wer die ausführlichen Interviews etwa mit Hartmut von Hentig oder mit Elsbeth Stern sehen will, muss DVD 2 oder DVD 3 einlegen.

Alle Filme und Interviews sind in Kapitel aufgeschlüsselt. Man kann sie auswählen. Niemand muss sich vor einem langen Interview fürchten. Die Kapitel sind nach Sinneinheiten gegliedert und einige Minuten lang. Wir sind uns sicher, wer hier nach Rosinen pickt, wird auf den Geschmack kommen.
Die ausführlichen Interviews und die Exkurse machen deutlich, was wir mit dem Archiv der Zukunft vor haben: Ideen, gute Beispiele aus der Praxis und Geschichten sammeln und verbreiten.
Auch an dieser Stelle noch einmal der Hinweis, dass die Transkriptionen aller Interviews auf den 3 DVDs im Internet gelesen und herunter geladen werden können: www.archiv-der-zukunft.de

Und noch ein Hinweis zur Technik:
Wenn man die DVD auf Computern abspielt, kann es vorkommen, dass Rechner, zumal ältere Laptops, oder auch bestimmte Bildschirme mit der Datenmenge nicht mitkommen. Dann „verschluckt" sich der Rechner. Das Bild ruckelt und der Ton kann schlechter werden. Das liegt nicht an der DVD!
Außerdem werden bei einigen Softwareprogrammen die Bezeichnungen Haupt-, Titel- und Kapitelmenü abweichend gebraucht.

Inhaltsübersicht

DVD 1 enthält die Filmdokumentation von 115 Minuten und ausführliche Interviews mit Protagonisten aus den Schulen, also Lehrern, Schülern, Eltern.

DVD 2 enthält Kurzfassungen des Films, acht Exkurse und zwei Interviews mit Experten.

DVD 3 enthält weitere ausführliche Interviews mit Experten.

DVD 1

Film Treibhäuser der Zukunft– 115 Minuten

Der Film in Kapiteln

Interviews mit den Protagonisten

Auf der DVD 1 gibt es im Menü den Hinweis „Erweiterungsmodus." Schaltet man diesen ein, dann erscheint im Film bei einer Reihe von Interviews ein Icon. Klickt man dieses an, verlässt man den Film und sieht eine erweiterte Fassung dieses Interviews. Nach Ende des jeweiligen Interviewkapitels geht es im Film weiter.
Solange das Icon eingeblendet ist, kommt man über die Enter-Taste jederzeit vom Film in das ausführlichere Interview. Über die Enter-Taste kommt man auch jederzeit in den Film zurück.

Wenn man den Film zeigt und nicht beabsichtigt, in die Interviews zu gehen, schaltet man den Erweiterungsmodus am besten aus. Das Icon im Bild könnte irritieren.

Achtung: Über die Tasten „Menü" oder „Titel" kehrt man nicht in den Film zurück, sondern kommt auf die Menüseiten!

DVD 1

Der Film in Kapiteln

Der Film ist in Kapitel eingeteilt. Über das Menü „Film / Kapitelauswahl" kann man per Klick das gewünschte Kapitel auswählen. Von dort an läuft der Film bis man ihn stoppt, bzw. bis man in das Menü zurück kehrt.

DIE KAPITEL:

1. Schule Borchshöhe, Bremen: Neue Fundamente für die Schule
2. Bestandsaufnahme: die deutsche Schule
3. Elsbeth Stern, Andreas Schleicher, Manfred Spitzer
4. Jenaplan-Schule, Die Seele des Lernens
5. Mischungen – der Vorteil verschieden zu sein
6. Lern- und Freizeitkultur
7. Projekte: Erfahrung und Handeln
8. Peter Fauser: Eine Schule des Verstehens
9. Hartmut von Hentig: Ein Ort zum Aufwachsen
10. Jean-Pol Martin: Lernen durch Lehren
11. Bodenseeschule St. Martin, Friedrichshafen
12. Alfred Hinz: Freiarbeit und Leistung
13. Der Lehrer als „Gastgeber"
14. Freiwilliges Lernen und Bewertung
15. Lehrer, Ganztag und die Rhythmen
16. Eltern und die Bodenseeschule
17. Internat Salem: Schule als Lebensort
18. Schule und der Mythos von „heiler Familie"
19. Evangelische Ganztagsgesamtschule Gelsenkirchen: Der Raum ist der dritte Pädagoge
20. Martin-Luther-Schule, Herten: Initiative und Selbstbewusstsein
21. Gymnasium Klosterschule, Hamburg: Ganztagsschule oder ganztägiger Unterricht?
22. Montessori-Gesamtschule, Potsdam: Respekt und Würde
23. Verschiedenheit anerkennen, Gemeinschaft kultivieren
24. Sportschule Friedrich-Ludwig-Jahn, Potsdam: Lust und Leistung
25. Max-Brauer-Schule, Hamburg: Wenn alle verschieden sind
26. Eine Innovation: das „Chef-System"

DVD I

Interviews mit den Protagonisten

BODENSEE-SCHULE ST. MARTIN, FRIEDRICHSHAFEN
Alfred Hinz | Franz Gresser | Michael Bucher | Jutta Widmaier | Schüler

Schule Schloss Salem
Bernhard Bueb

Jenaplan-Schule Jena
Gisela John | Schüler

Max-Brauer-Schule Hamburg
Sybille von Katzler

Martin-Luther-Schule Herten
Hermann Kuhl
Marlies Bock

Montessori-Gesamtschule Potsdam
Ulrike Kegler
Eva Poppe-Roßberg

Willibald-Gymnasium Eichstätt
Schüler
(Interview mit Jean-Pol Martin auf DVD 3)

DVD 1

Interviews mit den Protagonisten in Kapiteln

Bodensee-Schule St. Martin, Friedrichshafen
Alfred Hinz, Rektor

1. Ganztagsschule braucht Raum und Zeit
2. Alternativen zum Fächerunterricht
3. Minimalkonsens: christliche Anthropologie
4. Das Unterrichtsmaterial ist ein „Schlüssel zur Welt“
5. Individualisierung und Sozialkompetenz
6. Ganztagsschule – keine verlängerte Halbtagsschule
7. Kontemplative Potenz von Schule
8. Jedes Kind ist einmalig
9. Schulversager?
10. Die Angst des Lehrers vor Machtverlust
11. Die Würde des Kindes
12. Lehrer und Freiarbeit
13. Leistung und Schulerfolg
14. Umgang mit Heterogenität
15. Schulmanagement

16. Problem Lehrer
17. Heilige Kuh „Fachunterricht“
18. ... und was sagt der Bischof dazu?
19. Eine Schule für alle
20. Klassenarbeiten

DVD 1

Interviews mit den Protagonisten in Kapiteln

BODENSEE-SCHULE ST. MARTIN, FRIEDRICHSHAFEN
Franz Gresser, Lehrer in der Hauptschule

1. Lehreralltag
2. Freiarbeit
3. Selbstständigkeit, keine Noten
4. Gegliedertes Schulsystem
5. Umgang mit „Null Bock Schülern“

Michael Bucher, Lehrer in der Grundschule

1. Ein Grund Lehrer zu sein
2. Jahrgangsübergreifender Unterricht

Jutta Widmaier

1. Schule am Nachmittag
2. Ganztagsschule: Abbild der Gesellschaft
3. Rhythmisierung der Zeit
4. Kollegium ohne „Standesdenken“

Schüler

„Schule ist schön“

DVD 2

Was will das Archiv der Zukunft

Ultrakurzfasssung

Kurzfassung

Im Focus – Acht Exkurse

Interviews mit Experten und Wissenschaftlern

DVD 2 enthält die Kurzfassung (30 Minuten) und eine Ultrakurzfassung (knapp 5 Minuten) des Films. Das sind neu geschnittene Teilmengen aus dem 115-Minuten-Film. Diese beiden Kurzfassungen überschneiden sich gegenseitig nicht. Man kann bei einer Vorführung die 5-Minuten-Version und die 30-Minuten-Version zeigen, zum Beispiel die Ultrakurzfassung zur Eröffnung als Trailer.

Ein nützliches Arbeitsmittel sollen die acht Exkurse sein. Die Rubrik heißt: „Im Focus". Jeder Exkurs ist ca. 15 Minuten lang. Man kann mit den Exkursen auf Veranstaltungen oder in Seminaren arbeiten. Die Exkurse enthalten sowohl Szenen aus der Dokumentation als auch zusätzliches Material. Letzteres gilt vor allem für „Im Focus – Lehrer" und „ Im Focus – Andere Länder". Der Blick auf andere Länder wurde im Film selbst ausgespart.

Schließlich gibt es auf der DVD 2 die ausführlichen Interviews mit Hartmut von Hentig und Andreas Schleicher. Die anderen Experten sind auf DVD 3. Außerdem empfehlen wir den Trailer „Was will das Archiv der Zukunft".

DVD 2

Filme in Kapiteln

ULTRAKURZFASSUNG

1. Ulrike Kegler: Schüler dürfen nicht beschämt werden
2. „Raum" und „Zeit" als Pädagogen

Kurzfassung

1. Träges Wissen und schwache Motivation
2. Bodenseeschule, Friedrichshafen: Vielfalt in der Ganztagsschule
3. Individualisierung und Gemeinschaft
4. Leistungen und Aktivitäten
5. Mischung aus Konzentration und Entspannung
6. Internat Schule Schloss Salem: Bernhard Bueb über erfolgreiches Lernen
7. Max-Brauer-Schule, Hamburg: der Vorteil verschieden zu sein

DVD 2

Im Focus – 8 Exkurse

Im Focus 1 Raum Und Zeit

Im Focus 2 Ganztagsschule

Im Focus 3 Heterogenität

Im Focus 4 Lehrer

Im Focus 5 Lernende Gesellschaft

Im Focus 6 Ideen

Im Focus 7 Traumschule

Im Focus 8 Andere Länder

DVD 2

Im Focus – 8 Exkurse in Kapiteln

Im Focus 1 Raum Und Zeit

1. Grundschule Borchshöhe, Bremen: Umbau von Raum und Zeit
2. Evangelische Ganztagsgesamtschule, Gelsenkirchen: Der Raum ist der dritte Pädagoge
3. Martin-Luther-Schule, Herten: Selbsthilfe beim Umbau der Schule
4. Bernhard Bueb, Salem: Plädoyer für emotionale Erziehung
5. Bodenseeschule, Friedrichshafen: Eigenzeit der Schüler und Selbständigkeit

Im Focus 7 Traumschule

1. Montessori-Gesamtschule, Potsdam: Wenn Lernen hungrig macht und nicht satt
2. Jenaplan-Schule, Jena: Auf den Anfang kommt es an
3. Bodenseeschule Friedrichshafen: Lernen als Aktivität des ganzen Menschen
4. Montessori-Gesamtschule, Potsdam: Wenn die Sachen wichtig werden
5. Jenaplan-Schule, Jena: Erfahrungen außerhalb und Studien in der Schule

Im Focus 8 Andere Länder

1. Eine Schwedin in Deutschland
2. Schweden: Individualisierung und Gemeinschaft
3. Finnland: Keine Verwahrlosung, keine Selektion
4. Skandinavien: Vorsprünge auf dem Weg zur Wissensgesellschaft
5. Dänemark: Eine offene Architektur des Lernens
6. England und Frankreich: Ganztagsschulen sind selbstverständlich

DVD 2

Interviews mit Experten und Wissenschaftlern

Hartmut von Hentig

Andreas Schleicher

Interviews mit Experten und Wissenschaftlern in Kapiteln

Hartmut von Hentig

1. Die Schule: ein Ort zum Aufwachsen
2. Welterfahrung und Selbsterfahrung
3. Was ist Vorbereitung auf das Leben?
4. Was heißt Ganztagsschule?
5. Erlebnis, Einordnen, Üben
6. Zeit haben
7. Raum schaffen
8. Lehrer – vor allem eine Person sein
9. Lernen in Zusammenhängen
10. Wie Ganztagsschule schief gehen kann
11. Die Pisa-Lektion
12. Lerngelegenheiten schaffen

Andreas Schleicher

1. Qualifikation und Produktivitätswachstum
2. Große Bedeutung von Bildung für die OECD
3. Humankapital wird der entscheidende Faktor
4. Anforderungen der Wissensgesellschaft
5. Bildungsziel: autonom handeln
6. Vernetzung statt Fragmentierung
7. Internationaler Vergleich von Bildungssystemen
8. Auswirkungen der Selbstverantwortung in Schulen
9. Integration oder Selektion
10. In selektiven Systemen sind die Leistungen schwächer
11. Selektion und Selbstbewusstsein
12. Chancen der Globalisierung
13. Die Arbeit der Schulen transparent machen
14. Aufgaben der Politik: Von anderen Ländern lernen
15. Wie Prüfungen und Evaluationen hilfreich sind
16. Kreativer Umgang mit Unterschieden
17. Vertrauen ist besser
18. Globalisierung und Bildung

DVD 3

Interviews mit Wissenschaftlern und Experten

DVD 3 enthält ausschließlich Interviews und Gespräche mit Experten, darunter auch einige, die im Film selbst nicht vorkommen:
Jürgen Hogeforster, der langjährige Geschäftsführer der Handwerkskammer Hamburg.
Jürgen Oelkers, der in Zürich Erziehungswissenschaft lehrt.
Renate Hendricks, die viele Jahre Vorsitzende des Bundeselternrates war.

Gisela Erler

Peter Fauser

Renate Hendricks

Jürgen Hogeforster

Jürgen Kluge

Jean-pol Martin

Jürgen Oelkers

Jeanne Rubner

Manfred Spitzer

Elsbeth Stern

DVD 3

Interviews mit Experten und Wissenschaftler in Kapiteln

Gisela Erler

1. Schule muss ein verlässlicher und kultivierter Ort sein
2. „Familie" – ein deutscher Mythos
3. Qualifizierung der Eltern
4. Schule wird häufig feindselig erlebt
5. Vergleichbarkeit – Vorteil der Globalisierung
6. Streit über öffentliche Erziehung
7. Vereinbarkeit von Elternschaft und Erwerbstätigkeit
8. Die Tragödie des deutschen Familienbildes
9. Problem Frauenberufe
10. Frauen zwischen Karriere und Kindererziehung
11. Schule als sozialer Ort
12. Partnerschaft zwischen Eltern und Lehrern
13. Selbstverantwortung in der Dienstleistungsgesellschaft

Peter Fauser

1. Grundidee der Jenaplan-Schule
2. Vielfalt ist ein Vorteil
3. Mehr Gerechtigkeit, mehr Leistung
4. Verstehen macht glücklich
5. Was heißt „verstehen"?
6. Wie Schule erfolgreicher wird
7. Erfahrung und Erkenntnis
8. Grundprinzip individuelle Förderung
9. „Lehrkörper" als „Resonanzkörper"
10. Projektarbeit

Jürgen Oelkers

1. Deutschland: Verwaltung und Bildung
2. Andere Länder: Education als Wechselwirkung
3. Plädoyer für eine aktive Schule
4. Bildungspolitischer Konsens
5. Das Schweizer Schulsystem
6. Die Wirksamkeit von Schule
7. Die Hyperaktiven: Lebensrealität der Schüler
8. Wissen und Schulwissen
9. Architektur: gebaute Pädagogik
10. Feedback: Konturen der Wissensgesellschaft
11. Wechselwirkung und Öffentlichkeit
12. Kulturform „Team"
13. Grenzen der Familie
14. Lob des Pragmatismus
15. Offene Zukunft und realistische Ziele

Jeanne Rubner

1. Deutschland begann mit der Ganztagsschule
2. Ganztagsschule ergänzt die Familie
3. Bin ich eine „Rabenmutter"?
4. Der Mythos einer Trennung von „Bildung" und „Erziehung"

Manfred Spitzer

1. Das Gehirn lernt immer
2. Unter Angst lernt man die Angst gleich mit
3. Auf die gute Lernatmosphäre kommt es an
4. Lehrer/Schüler: Auf die Beziehung kommt es an
5. Schwierige Bedingungen für Lehrer
6. Rhythmisierung des Tages
7. Wird in der Schule die Zeit verdöst?
8. Lehrer auf verlorenem Posten?
9. Schule attraktiv machen
10. Wie man am besten lernt
11. Explizites und implizites Wissen
12. Wie Neues im Gehirn gesichert wird
13. Wie das Gehirn Regeln bildet
14. Keinen Kleinkram und nicht für Prüfungen lernen
15. Das Lernen erforschen

Elsbeth Stern

1. Alle Lebewesen lernen
2. Wissen schafft den Vorsprung
3. Die Lektion von Pisa und Timss
4. Das deutsche Missverständnis: Formeln und Vorschriften
5. „Osterhasenpädagogik“ oder problemorientierter Unterricht
6. An Vorwissen anknüpfen
7. Alltagsmythen über Mathematik
8. Kinder philosophieren über Mathematik
9. Mathematik bedeutet auch Muster erkennen
10. Wie kann Schule ein Ort zum Lernen werden?
11. Das Selbstkonzept: „Ich kann lernen“ und „Ich kann Probleme lösen“
12. Der Mythos: Latein als „Gehirntraining“?
13. Träges und intelligentes Wissen
14. Leistungsorientierung versus Lernorientierung
15. Folgen der zu frühen Selektion
16. Erkenntnisse zur Frühförderung
17. Nötig wäre ein Konsens darüber, was Schüler können sollen
18. Kompetenz macht glücklich
19. Den Kindern Sicherheit geben
20. Die Bedeutung der Lehrer
21. Sonderschule – ein deutscher Sonderweg
22. Überbetonung der Begabung
23. Der Vorteil heterogener Lerngruppen
24. Illusionen des gegliederten Schulsystems

Was will das Archiv der Zukunft?

Das Archiv der Zukunft dokumentiert Entwicklungen aus den Bildungslandschaften in Deutschland und anderen Ländern. Es sammelt und verbreitet Bilder des Gelingens.
Es verzichtet nicht auf Analysen, räumt aber der Kritik nicht den ersten Platz ein. Diese Entscheidung ist auch eine Antwort auf die in Deutschland, zumal in Bildungsdebatten, verbreitete Larmoyanz und auf eine Kritik, der manchmal das Rechthaben das Wichtigste ist.
Das Thema Bildung ist für das Archiv der Zukunft mehr nur als Schulthema, das man zuweilen vielleicht um Hochschulen und Vorschulen erweitert. Das Thema Bildung ist, ob man es will oder nicht, immer ein heimliches oder offenes Selbstgespräch der Gesellschaft darüber, wo sie steht, woher sie kommt und wohin sie will. Dieses Gespräch wird das Archiv der Zukunft mit Argumenten, Analysen, aber vor allem mit Bildern bereichern. Es wird mithelfen, aus dem heimlichen Selbstgespräch eine offene Debatte zu machen.
Bilder bedeuten für uns zweierlei. Es sind zunächst die Film- und Videobilder. Denn der Film ist die stärkste Form der Dokumentation. Es handelt sich aber noch viel mehr um die Bilder, die dahinter stehen. Bilder, die unser Denken und unseren Möglichkeitssinn strukturieren, also die mentalen Bilder oder Imagos. Hier kommt wieder das Gelingen ins Spiel. Wie könnte etwas gelingen, wenn wir es nicht für möglich halten? Können wir eine Schule, in der Kind wach, neugierig und voller Freude sind, verwirklichen, wenn wir insgeheim glauben, dass es sich mit Lernen wie mit bitterer Medizin verhält: je schlechter sie schmeckt, desto wirksamer?
Gerade in Deutschland fehlt es an Bildern des Gelingens.
Das Archiv der Zukunft provoziert auch die Frage: Woran glauben wir?
Es fordert die Phantasie heraus: Was halten wir für möglich?

Das Archiv der Zukunft ist auch eine Antwort auf den „Pisa-Schock." Er markiert das Ende der Krähwinkelei in der Bildungspolitik. Mit Pisa hat die Globalisierung auch in der Bildung begonnen. Tatsächlich ist das Zeitalter der *Globalisierung* eines der *Glokalisierung*. Vieles wird davon abhängen, wie und ob man Orte kultiviert, an denen Wissen, Kompetenzen und Ideen gebildet werden. Menschen brauchen Wurzeln und Flügel. Schon heute übertrifft die Wirksamkeit des Bildungskapitals in der Wirtschaft die Effekte anderer Kapitale. Lernen ist nicht länger ein Vorrecht von Kindheit und Jugend. Lernen wird zur überragenden Idee nachindustrieller Gesellschaften. Das Archiv versteht Lernen als Vorfreude auf sich selbst und möchte Erreger einer ansteckenden Gesundheit verbreiten.

Dafür schärfen die Dokumentationen des Archivs der Zukunft den Möglichkeitssinn und den Wirklichkeitssinn.

Lernen ist in Deutschland allerdings häufig noch negativ besetzt. Stärker als in anderen Ländern haben viele Menschen die Schule als Beschämung erlebt, an die sie nicht mehr erinnert werden wollen. Das Archiv der Zukunft wird deshalb auch ausloten, was hier zu Lande das kulturelle Gedächtnis bedrückt. Warum wird Kindern immer noch so häufig mit der Zukunft und dem „späteren Leben“ gedroht, statt sie dorthin einzuladen?

Wir möchten die uns treibende Idee des Gelingens noch einmal unterstreichen. Da ist zunächst der positive Aspekt. Analyse und Kritik müssen sein, doch niemand ist davon gesund geworden, dass man ihm seine Krankheit vorhält.

Zur Idee des Gelingens gehört vor allem, dass es keine Blaupausen geben kann, die irgendjemand nur noch kopieren müsste. Striktes ja/nein oder richtig/falsch reichen nicht, um die vielfältigen Gestalten des Gelingens zu verstehen und herauszufordern. Es gibt keinen durchdeklinierbaren Masterplan, der bloß anzuwenden wäre. Das Gelingen von Organisationen hat durchaus Ähnlichkeiten mit dem von Biografien. Man muss aus Voraussetzungen, die man sich nie hat aussuchen können und die zu beklagen nichts nützt, etwas machen. Man muss von seinem Ausgangspunkt den eigenen Weg finden.

Und dennoch: Die Bilder des Gelingens können leuchtende Beispiele setzen. Aber je mehr man sich an ihnen wetzt, desto eher rufen sie das Eigene hervor. Und darum geht es!

Schließlich haben die Bilder des Gelingens eine durchaus subversive Seite: als Widerlegung der Misere sind sie viel wirksamer als die reine Kritik.

Wir sind so dreist und erfolgsverliebt zu sagen, dem Archiv der Zukunft geht es darum, Erreger einer ansteckenden Gesundheit in Umlauf zu bringen. Sie sollen Selbstheilungskräfte aktivieren. Von denen gibt es mehr als wir glauben. Aber man muss sie wach küssen, eben: erregen.

Dieses Archiv ist ein Medium, das Zukunft schafft. Eine Bibliothek voller Geschichten, Visionen und Berichte von Expeditionen. Dieses wird in unterschiedlichen Medien dargestellt werden. Die filmischen Dokumentationen sollen über Massenmedien in die Breite wirken und von interessierten Fachöffentlichkeiten als Werkzeug genutzt werden. Deshalb werden die Dokumentationen auf DVD um ausführliche Exkurse erweitert.

Das Projekt Treibhäuser der Zukunft

Nach der großen Irritation durch PISA sind viele deutsche Pädagogen und Politiker nach Skandinavien, Kanada und in andere Länder, die bei PISA gut abschnitten, gefahren. Sie waren verblüfft, wie sehr es dem Lernen bekommt, wenn Schulen Lebensorte sind.

Auch ich hatte mit Dokumentationen über Bildung in Finnland, Schweden und Kanada dazu beigetragen, den Blick auf Schulen, die gelingen, international zu weiten. Aber neben Wirkungen, über die ich froh und stolz bin, ruft der Blick auf ferne Länder auch Ausreden hervor: „Ja, die Finnen. Eine ganze andere Mentalität." Eben. Manche meinten, wenn sie nicht zum Finnen konvertieren, könnten sie leider gar nichts machen. Manchen war das *Leider* ehrlich, andere meinten damit *„zum Glück"*. So empfehlenswert die Reisen zum Wendekreis der Pädagogik sind – und beim zweiten, dritten und vierten mal sieht man noch viel mehr – so nötig ist die Reise ins eigene Land.

Es dauerte bis zur Fertigstellung der DVD und dieses Buches 18 Monate: Recherchen, Dreharbeiten und Schnitt, und schließlich das ganze Zusatzmaterial für die Dreifach-DVD auswerten, schneiden und in mehr als hundert kleine Kapitel wieder auflösen. Nun ist es bewiesen. Es gibt auch deutsche Schulen, in denen sich Lust und Leistung nicht beißen, sondern steigern. Niemand muss Finne werden oder bedauern, dass er das nicht mehr schafft.

Aus mehr als 200 Stunden Filmmaterial, gedreht im Unterricht und Schullalltag, mit Lehrern, Schülern und Eltern, sowie in Gesprächen mit Wissenschaftlern, haben wir das Bild einer möglichen Zukunft montiert, die mancherorts längst begonnen hat. Zugleich wird der Abstand zum häufig tristen Alltag des üblichen Unterrichts deutlich. Dort herrscht, wie die Kognitionspsychologin Elsbeth Stern im Film bemerkt, noch eine „Osterhasenpädagogik", wenn Lehrer „Wissen verstecken, das die Schüler suchen sollen." Der Ulmer Hirn- und Lernforscher Manfred Spitzer kommt zu dem Befund, dass die Köpfe vieler Schüler im Unterricht auf Standby geschaltet sind. Der internationale Pisa-Koordinator Andreas Schleicher (OECD) muss feststellen, dass deutsche Schülerinnen und Schüler, anders als die in vielen anderen Ländern, nach dem Ende der Schulzeit mit Physik oder Chemie „nie mehr was zu tun haben wollen." Woran liegt das?

Der Film schaltet von der Ursachenforschung bald zum Porträt von Schulen, die diese Frage mit ihrem Gelingen beantworten. Es sind Schulen, die

Kinder und Jugendliche hungrig machen und nicht satt. Schulen, die anziehende Orte geworden sind, und die nicht müde oder überdrüssig machen.

Gezeigt werden die Bodensee Schule in Friedrichshafen, die Jenaplan-Schule in Jena, das Gymnasium Klosterschule in Hamburg und viele andere zwischen Herten, Potsdam und Bremen. Diese haben Raum und Zeit des Lernens neu vermessen. Sie sind tatsächlich Treibhäuser der Zukunft geworden.

Im Mittelpunkt steht die Bodensee Schule, eine katholische Schule, die seit 1971 Ganztagsschule ist. Die ersten drei Jahre sind die Kinder in Familienklassen zusammen. Die Altersmischung soll gar nicht erst die Illusion aufkommen lassen, die Kinder ließen sich alle auf den gleichen Stand bringen, um dann im Gleichschritt voran zu marschieren. Individualisierung und die Förderung von Kooperation sind das „Yin und Yang" dieser und anderer erfolgreicher Schulen. Sie riskieren das eigentlich Selbstverständliche: Lernen ist eine Aktivität der Schüler. Dazu ermutigen die Lehrer. Dahin zieht und erzieht die gesamte Organisation des Alltags. Diese Schulen sind Lebensorte geworden. Man erkennt sie an Ritualen, Regeln und Revieren, vor allem an Rhythmen – und manchmal am Rock'n Roll.

Damit trifft die Dokumentation ins Zentrum der aktuellen Debatte um Ganztagsschulen. Das Resümee: Je mehr Zeit eine Schule hat, desto unvermeidlicher stellt sich die Frage nach ihrer Kultur.

Filmtext
Kommentar und Interviews

Die deutschen Schulen stehen vor dem Umbau. Ihre Fundamente müssen erneuert werden. Denn die Art wie in ihnen gelernt wird, ist nicht sehr erfolgreich. Der Umbau hat begonnen. An den Räumen und in der Pädagogik. Wir suchen nach Schulen, die Lebensorte sein wollen, die sich Zeit nehmen, in denen Schüler gern und erfolgreich lernen.

DVD Kapitel 1

◉ Schule Borchshöhe, Bremen ◉ Neue Fundamente für die Schule

Passen Lust und Leistung zusammen? Die Schule Borchshöhe in Bremen wagt die Wette. Raum und Zeit werden hier neu vermessen. Das Maß heißt Selbständigkeit und Zusammenarbeit.
Nach dem Vorbild der schwedischen Futurum-Schulen wurden Wände eingerissen und der Tagesablauf verändert.
Lernen und Freizeit verteilen sich in langen Wellen über den Tag. Ein neuer Rhythmus.
Ein paar Wochen zuvor wurde dieser Raum umgebaut.
Aus Klassenzimmern werden Lernwerkstätten. Wie früher in der Dorfschule sind Kinder verschiedenen Alters zusammen. Schüler lernen ja nicht nur von Lehrern.
Lehrer, die in diesen Lerndörfern nun weniger lehren, haben mehr Zeit für einzelne Kinder. Sie ermuntern sie, eigene Wege zu gehen und unterstützen sie dabei.

Schüler:
Ich arbeite mehr in Mathe als in Deutsch. Und diese Woche habe ich mir vorgenommen, dass ich das Deutsch schaffe, und da bin ich auch kurz davor.

Karin Bossaller:
Jeder kann dann da weitermachen, wo er ist. Das heißt, ich kann im ersten Schuljahr sein, kann aber ganz weit sein im Hunderter-Raum. Oder ich kann im Dritten Schuljahr sein und ich übe jetzt immer noch im Zehner- oder Zwanziger-Raum, bis ich es wirklich verstanden habe.

Schüler:
Jeder hat verschiedene Gangarten, einer ist so weit und der andere anders...
Bis jetzt ist es so, also ich habe mir vorgenommen, als erstes den Rechtschreibkurs zu machen.
Ich hasse Mathe.
Ich hasse Deutsch.
Das habe ich hier jetzt alles schon geschafft. Und da muss ich jetzt noch einen kleinen Tick extra arbeiten, also das muss man schaffen.
Mogelt ihr auch manchmal?
Nee, nein, das finden sie doch raus, wenn sie nachgucken.

Karin Bossaller:
5 Kollegen sind aus Altersgründen rausgegangen und wir sind beide neu gekommen. Das waren sehr gute Voraussetzungen, um etwas zu ändern.

Karin Bossaller, eine der beiden Schulleiterinnen, ist Schwedin. Fast 30 Jahre lebt sie schon in Bremen.
Als nächstes soll das Lehrerzimmer zum Lehrerbüro umgebaut werden. Die Pädagogen der Grundschule Borchshöhe haben sich entschlossen, 35 volle 60-Minuten-Stunden die Woche in der Schule zu sein. Wie Lehrer in Schweden.
Die neue Schule soll für sie ein Ort zum Arbeiten und Leben werden. Wie auch sollen Schüler selbständig und kooperativ werden, wenn es ihre Lehrer nicht sind?

Karin Bossaller:
Meistens sitzen wir auch hier, man zieht sich hier zurück, um in Ruhe arbeiten zu können. Und dann geht man wieder rein zu den Kindern, und das ist dann ganz angenehm, weil das auch für uns eine Rhythmisierung ist und nicht dieses, was ich so anstrengend finde hier in Deutschland, dass man von 8 bis 13 Uhr die ganze Zeit arbeitet. Man kann sich nie hinsetzen und mal zurücklehnen und dann ist man fertig. Deswegen sind deutsche Lehrer auch so fertig.

Birgit Gamann, Lehrerin:
Für mich wäre es überhaupt nicht denkbar, in einer „normalen" Schule zu arbeiten, weil ich nicht mehr Einzelkämpferin sein möchte. Ich möchte schon dieses Team um mich herum haben. Man fühlt sich aufgehoben, man wird getragen von den anderen.

Der räumliche und geistige Umbau dieser Schule hat gerade erst begonnen. Die Jüngsten haben allerdings gar keine andere Schule kennen gelernt. Und sie arbeiten ernsthaft, sind hingebungsvoll bei ihren Sachen.

Karin Bossaller:
Ich habe eine Freundin gefragt, die in meinem Alter ist –
also ich bin in Nordschweden aufgewachsen, auf dem Land und sie ist in Südschweden, in einer Grosstadt aufgewachsen. Wir haben verglichen: Hast Du jemals geschummelt? Nein, wir wären gar nicht auf die Idee gekommen. Es bringt mir ja gar nichts, weil wir ja dann mit uns selbst verglichen wurden. Das lohnt sich ja gar nicht. Wozu soll ich denn schummeln? Dann wird es ja das nächste Mal schwieriger, weil ich muss ja immer besser werden. Und das hat sie auch nicht. Aber wir haben festgestellt, sie hat drei Kinder, ich habe drei Kinder, die hier zur Schule gegangen sind, und das ist das, was die gelernt haben.
Zu schummeln?
Ja. Das können sie alle. Ich war entsetzt, aber es ist so. Die haben für die Prüfung gelernt, und dann haben sie es vergessen. Dass es fürs Leben ist, also freiwillig – das Gefühl habe ich nie gehabt.

DVD Kapitel 2
◉ Bestandsaufnahme ◉ die deutsche Schule

Die deutsche Schule.
Eine Kultur von Individualisierung und Zusammenarbeit ist schwach entwickelt. An diesem Gymnasium beginnt der Tag wenig einladend – wie in der Wartehalle. Kurz vor Acht werden die Klassenräume geöffnet. Und dann wird der Stoff vermittelt. Schüler sollen aufnehmen, was Lehrer mit ihnen durchnehmen. Was dran kommt, steht im Lehrerplan. Und der verlangt zumeist mehr, als zu schaffen ist.
Alle haben wenig Zeit, manche haben nie Zeit und dennoch herrscht viel Langeweile.
Im Mittelpunkt der deutschen Tradition steht der sogenannte „fragend entwickelnde Unterricht“. Lehrer haben dabei ihr Ergebnis fest im Blick. Nach Vortrag und Tafelbild führen Lehrer mit ihren Fragen die Schüler Schritt für Schritt ans Ziel. So das Konzept. Jeder soll im gleichen Tempo den gleichen Weg in den gleichen kleinen Schritten zurücklegen.

Die Lernenden werden als ideale Durchschnittsschüler auf durchaus hohem Niveau angesprochen. Aber werden sie auch erreicht?

DVD Kapitel 3

◉ Elsbeth Stern, Andreas Schleicher, Manfred Spitzer

Dass jeder seinen Rhythmus hat und dass die Pfade des Verstehens verschlungen sind, das ist auf diesem direktem Weg zum gesicherten Wissen nicht vorgesehen.

Elsbeth Stern:
Diesen Fragen-entwickelnden Unterricht nennt man übrigens auch „Osterhasenpädagogik", wollen sie wissen warum?
Weil die Eier irgendwo versteckt sind.
Genau. der Lehrer versteckt das Wissen und die Schüler sollen es finden. So wird Wissen ja häufig in der Schule erworben. Wenn der Lehrer mir die Aufgaben vorgegeben hat und wenn dann genügend geübt wurde, dann kann man es. Aber sobald die Aufgaben – das haben ja Pisa und Timms zutage gebracht – von dem üblichen Format in der Schule abweichen, können viele deutsche Schüler die Aufgabe nicht mehr lösen, weil das Wissen träge und unflexibel ist, denn es war immer nur auf eine bestimmte Anforderung zugeschnitten.

Andreas Schleicher:
Wenn sie sich die Leistungen im Bereich Naturwissenschaften ansehen, da könnte man sagen: na ja, gut, mit dem Bereich können wir leben. Aber was ist, wenn die Schüler am Ende ihrer Schulzeit sagen: ich habe jetzt Naturwissenschaften gemacht und damit will ich nie wieder etwas zu tun haben in meinem Leben? Ein großer Teil dieser Schüler ist total demotiviert, da haben wir zwar das Wissen noch vermittelt, aber die Fähigkeit, die Motivation dieser Menschen, weiter zu lernen, im Leben ihre Kompetenzen auszubauen, die haben wir unzureichend gefördert.

Manfred Spitzer:
Salopp gesprochen: vormittags sind die Kinder kurz vor dem Tiefschlaf. Und wenn man nun noch weiß, dass Emotionen für Lernvorgänge ganz, ganz wesentlich sind, diese sich vormittags aber gar nicht abspielen, dann ist zwar klar,

dass dann vormittags vielleicht Zeit verdöst wird, aber dass da nicht wirklich gelernt wird.
Also müssen wir dafür sorgen, dass die Schulen wieder akzeptierte Orte sind, wo Lebensvollzug stattfindet, denn für viele Schüler ist Schule etwas, da geht man hin, schaltet irgendwie ab und erst wenn man draußen ist, geht das Leben wieder weiter.

Auf der Suche nach gelungenen Schulen in Deutschland muss man nach Jena. Hier kommen eine starke Tradition, die der Reformpädagogik, und ein deutscher Neuanfang, der von 1989, zusammen.
Wirklich durchsetzen konnten sich diese beiden Anfänge allerdings noch nicht.

DVD Kapitel 4
◉ Die Jenaplan-Schule in Jena ◉ Die Seele des Lernens

Die Jenaplan-Schule.
Sie beginnt mit der Vorschule und führt bis zum Abitur.
Man ist davon überzeugt: auf den Anfang kommt es an.
Wenn der gelingt, wird alles andere leichter.

Dieter Elsner, Vorschullehrer:
Das ist unser jährliches Ritual: Quittenbrot und Quittengelee. Wir haben eine gute Quitten-Quelle, ein Vater, der einen großen Garten hat. Das ist prima.

Die Kleinsten erinnern die ganze Schule immer wieder daran, was die Seele des Lernens ist: Vorfreude der Menschen auf sich selbst. Ohne diese Vorfreude wird die Lernlust getrübt.
Lernen ist eine Aktivität des ganzen Menschen.
Und Lernen heißt auch, sich selbst kennen zu lernen, die eigene Stimme zu finden, sich wie ein Musikinstrument zu stimmen.
In der Vorschule beginnen die Kinder Englisch zu lernen.Und neben dem Lernen der Fremdsprache schärfen sie ihre Sinne und steigern sie ihre Aufmerksamkeit.

Die Jenaplan-Schule hat sich von der Vorstellung gelöst, dass mit der Schule

der bittere Ernst des Lernens beginnt und dass man diesen Einschnitt möglichst lange hinausschieben solle.
So früh das Lernen beginnt, so lange hält sich der Ernst des Spiels.

Die wöchentliche Feier. Zu ihr kommen jeden Freitag alle Schüler und Lehrer zusammen. Die meisten deutschen Schulen haben Rituale und schöne Formen längst abgeschrieben.

DVD Kapitel 5

◉ Mischungen – der Vorteil, verschieden zu sein

Der sogenannte Jenaplan wurde in den zwanziger Jahren von Peter Petersen erfunden. Er strebte eine Schulcommunity an. Die kann sich allerdings nur bilden, wenn die Verschiedenheit von Menschen nicht als Nachteil angesehen wird. Deshalb lernen sie in altersgemischten Gruppen. Die betonen noch die Verschiedenheit eines jeden.

Das ist die Untergruppe, mit Kindern aus den Klassen eins bis drei. Dreimal die Woche beginnt der Tag mit 100 Minuten Arbeit am Wochenplan.

> Carina Barcewski, Lehrerin:
> *Wochenplanarbeit heißt: die Kinder arbeiten alle an einem Thema, alle drei Jahrgänge arbeiten an einem gemeinsamen Thema.*
> Was ist es dieses Mal?
> *Das ist Magnetismus, also Magnete, Himmelsrichtungen Kompass, das haben wir aufgearbeitet für alle drei Jahrgänge, in unterschiedlichem Leistungsniveau, und daran arbeiten sie jetzt.*

Forschen und Zuhören, Lernen und Spielen: diese Elemente steigern sich im Wechselspiel. Das angeblich so effektive Reinheitsgebot: „Jetzt wird nur gelernt“ bekommt dem Lernen gar nicht.

> Schüler:
> *Da gibt es was über Magnete und wir gucken jetzt, was die alles anziehen...*

Zur Mittelgruppe gehören die Jahrgänge 4, 5 und 6.
Die Mittelgruppe hat eine andere Kultur, in die die Kinder hinein und aus

der sie wieder heraus wachsen.

Thema in Geografie ist Europa. Die Länder werden nicht durchgenommen, sondern von Schülern erarbeitet. Dafür brauchen sie Zeit. Um zu recherchieren; um sich in Themen zu vertiefen; um dem Neuen in sich Resonanz zu geben.

Das Wissen in unbekannten Situationen anwenden. Probleme lösen. Schließlich: handeln. Das sind Kompetenzen, in denen deutsche Kinder im internationalen Vergleich schwach sind.

Das Lernstudio verändert auch die Rolle der Lehrer – grundlegend.

SILKE WOLF, LEHRERIN:
Die Kinder und ich müssen einfach damit leben, dass ich ihnen in bestimmten Sachen keine Antwort geben kann, weil ich es nicht weiß, und ich muss auch damit leben, dass sie im Anschluss an dieses Projekt mehr wissen als ich weiß, zu ihrem Land, über das sie gearbeitet haben.

Die Jahrgänge 7, 8, 9 sind die Obergruppe.
Spätestens jetzt staunen Besucher der Schule, welche reiche Ernte diese Art des Lernens bringt.

SIMONE SCHMIDTKE, KLASSENLEHRERIN:
Das war hervorragend heute, so frei hat sie noch nie gesprochen. Man kann Mut machen, man kann aufmuntern, man muss viel helfen, es gibt viele Kinder, die Hilfe brauchen, hin und wieder mal einen Anstoß, weiterzumachen ...

Ergebnisse präsentieren und sich selbst exponieren. So wird Wissen nachhaltig angeeignet, verkörpert und an andere weiter gegeben.

DAGMAR GOTTSCHALL, FACHLEHRERIN:
Da haben wir ziemlich hart daran gearbeitet, wie man das auf den Punkt bringt, nachdem man ganz viel Literatur gelesen hat und sich Informationen gesucht hat. Und das ist irgendwie angekommen.

PETER FAUSER, UNIVERSITÄT JENA (WISSENSCHAFTLICHE BEGLEITUNG):
Unsere Kinder setzen sich mit den Themen, mit denen sie sich auseinandersetzen viel intensiver, intelligenter, vielfältiger auseinander, als ich das im gleichen Alter gemacht habe, da bin ich mir ganz sicher, das kann ich ja täglich sehen. „Besser" hieße für mich, auf die Schule übertragen,: die Leistung ist besser und die Gerechtigkeit ist höher, d.h. mehr Kinder kommen zu höheren Leistungen und zwar in der Spitze und in der Breite.

DVD Kapitel 6

◉ Lern- und Freizeitkultur

Wach oder gleichgültig, engagiert oder gelangweilt – die Art zu lernen und die Freizeit zu verbringen sind eng verwandt. Natürlich: Freizeit in der Schule könnte langweilig und verwahrlost sein, wie zuweilen auch das Lernen.

Vielleicht zeigt sich an der Freizeit, was für eine Lernkultur herrscht?

Mehr Zeit in einer unkultivierten Schule könnte auch auf mehr Vandalismus und Schwänzerei hinaus laufen.

Freizeitangebote in der kultivierten Schule verschaffen Spiel und Kreativität Raum und Zeit.

Je mehr Zeit eine Schule hat, desto unvermeidlicher wird die Frage nach ihrer Kultur.

> Bettina Beyer, Schulsozialarbeiterin:
> *... nach dem Unterricht und freiwillig. Die Kinder wählen sich dann auch die verschiedenen Materialien, also zuerst haben wir gefilzt, und jetzt wollten sie gerne mit Speckstein und mit Ton arbeiten und kurz vor Weihnachten machen wir dann Kerzen und im neuen Jahr machen wir dann wieder etwas anderes.*
> Also, das entscheidet dann immer die Gruppe, was sie die nächsten Wochen gerne machen möchten.

Der Anteil von Schülern, die nach der 10. Klasse in der Jenaplan-Schule zur Oberstufe gehen, ist von Jahr zu Jahr zu gestiegen. Inzwischen macht mehr als die Hälfte Abitur.

Auch in der Oberstufe beginnen Lehrer, die naturwissenschaftlichen Fächer zu größeren Einheiten zu vernetzen. Davor scheuten sie lange zurück. Sie sorgten sich um die Fachlichkeit ihrer Physik oder Chemie. Aber die Schüler überzeugten ihre Lehrer mit unerwarteten Leistungen.

Besucher werden davon beeindruckt, wie sich Schüler und Lehrer hier immer wieder überraschen: Mit Ideen, Engagement und mit exzellenten Leistungen.

Viele Besucher meinen, das liege wohl an speziell ausgewählten Schülern. Tatsächlich gibt man bei der Einschulung eher Kindern mit Problemen den Vortritt.

Schülerinnen:
Zwischen Schülern und Lehrern merkt man immer wieder, dass da eigentlich nicht dieser Abstand ist, wie man ihn an den normalen Schulen hat.

Eine Gruppe hat dann auch mal an der Uni einen Vortrag gehalten, und da waren die Professoren sehr begeistert, „so machen das nicht mal unsere Studenten", und ich denke, das bringt uns einfach viele Vorteile.

Die Oberstufe ist schön, aber ich denke, uns wird hier eine so große Selbständigkeit angelernt, dass eigentlich auch zwölf Jahre reichen müssten.

DVD Kapitel 7
◉ Projekte ◉ Erfahrung und Handeln

Einmal im Jahr gibt es in der Jenaplan-Schule eine Projektwoche – wie in vielen Schulen. Aber diese Projektwoche ist keine in-der-Woche-vor-den-Ferien-machen-wir-mal-ne-Projektwoche-Veranstaltung. Freiheit wird nicht mit Laissez-faire verwechselt.
Zwei Wochen zuvor schon werden die Projekte, die sich diesmal überwiegend die Schüler ausgedacht haben, auf einem Markt vorgestellt.

Die Projektwoche markiert einen Übergang von der durchregulierten Lehrplanwirtschaft zum pädagogischen Markt von Angebot und Nachfrage.

Die Rudelsburg. Hier trafen sich im 19. Jahrhundert Chorstudenten. Nach dem ersten Weltkrieg errichteten Nationalisten ein Denkmal.

Ein Projektthema heißt „Kriegsmale und Friedenzeichen".

Was hat das mit Schülern heute zu tun?

Gisela John:
Eigentlich können wir nur versuchen oder ihnen helfen, dass sie wissend werden, aber wissend allein, das hilft auch nicht, denn ich kann über alle Schrecknisse des Krieges genau Bescheid wissen – wenn ich die Phantasie nicht besitze mir vorzustellen, was das für Menschen bedeutet, dann hilft mir das ganze Wissen

nichts. Also muss das Wissen immer mit der entsprechenden Phantasie gekoppelt werden.

Was ist vor kaum hundert Jahren in Menschen vorgegangen, dass sie den Franzosen ewigen Hass und Vergeltung geschworen haben? Und was hat man damals wohl als Jugendlicher gefühlt und gedacht? Warum wurde für Kaiser Wilhelm ein Obelisk errichtet? Und weshalb findet man Burgen immer so romantisch?

Einen Tag sammeln die Schüler Eindrücke und widersprüchliche Gefühle, die sie in der Schule ordnen wollen.

Ganz anders arbeitet eine andere der 22 Projektgruppen.
Das Thema: Dürfte und Gewürze.

Auch hier gilt: nicht nur drüber reden, sondern machen.
Am Ende der Woche sollen Duftwässerchen und Seifen produziert und ein großes, gewürztes Essen gekocht werden.

Aber erst mal Erfahrungen machen.

Also die Schüler müssen sich bewerben?

Ellen Burghardt Lehrerin:
Die Schüler mussten sich bewerben, und dann immer noch einen zweiten und dritten Wusch dazu, denn es klappt ja nicht immer, das jeder Wusch berücksichtigt werden kann.
Also wie für eine Lehrstelle?
Ja, mit Begründung.

Gegen Ende der Woche. Die Gruppe Kriegsdenkmale und Friedenszeichen hat herausgefunden, dass im ersten Weltkrieg Soldaten an verschiedenen Stellen der Front zu Weihnachten 1914 ihren kleinen illegalen Waffenstillstand geschlossen hatten.

DVD Kapitel 8

◉ Peter Fauser: Eine Schule des Verstehens

Peter Fauser:

Es gibt immer weniger äußere Ordnung und wir müssen immer mehr investieren, um gemeinsam eine gute Ordnung herzustellen. Was heißt das für die Schule? Das heißt für die Schule – ich komme eigentlich auf den gleichen Grundgedanken – dass wir von dem Leitbild einer Schule der Belehrung und der Konformisierung zu einem Leitbild einer Schule des Verstehens kommen müssen, in der eine große Achtung für die Modellierungsdynamik jedes einzelnen Menschen besteht, eine Achtung für das, was ihm wichtig ist, was ihn beschäftigt, was ihn quält, was ihn kränkt, was ihn begeistert, und in der wir den Austausch über diese ganz individuellen subjektiven Erlebniswelten kultivieren müssen. Die großen Herausforderungen bestehen sicher darin, Demokratie und individuelle Förderung miteinander zu verbinden.

Diese Schüler werden noch viel mehr improvisieren müssen als ihre Eltern und Lehrer. Statt ihr Leben brav vom Blatt zu spielen, werden sie eigene Stücke komponieren. Sie müssen ihren Rhythmus finden und immer wieder aus der Not eine Tugend machen. Wenn nichts Vorgegebenes mehr nachgespielt werden kann, kommt es auf Dialoge an.

Wie lernt man Dialoge? Wo übt man sie?

Am Ende der Projektwoche haben die Schüler einiges herausgefunden und manches hergestellt. Sogar neue Seifen wurden kreiert. Neues Wissen haben die Schüler in der Denkmalgruppe tiefer mit sich verbunden und stärker reflektiert, als es auch an dieser Schule sonst üblich ist.

Denkräume werden geweitet. Man denkt an Lessings Satz: *Der Mensch ist nicht zum Vernünfteln auf der Welt.* Denken und Handeln gehören zusammen.

Gisela John, Schulleiterin:

Die nehmen eh' nicht Notiz von mir, also ich brauche nicht „Hallo" zu sagen, weil die so beschäftigt sind, das kenne ich schon.

Interessant ist vielleicht, dass hier Schüler sind von ganz klein bis zum Abiturienten. Von einer Mittelgruppe, ich würde meinen, vom fünften Schuljahr an bis zum dreizehnten Schuljahr, und die arbeiten eigentlich alle freudig und entspannt miteinander. Vor allem: es fällt nicht auf, ja, weil man sich einfach nicht vorstellen kann, dass sich etwas auf natürliche Weise reguliert, nämlich dergestalt, dass Schüler mit unterschiedlichen Stärken sich gegenseitig anregen, was ein Lehrer überhaupt nicht planen kann. Der kommt nicht im entferntesten überhaupt auf diese Ideen, wie er seinen Unterricht so differenziert aufbauen könnte, wie das hier geht. Und das Wichtige ist: der Lehrer hat dadurch den Rücken frei und kann so vieles mitbestimmen und so vieles mithelfend regulieren, was sonst gar nicht möglich ist.

Gelungene Schulen verbreiten Erreger einer ansteckenden Gesundheit.
Und die könnten auf die ganze Gesellschaft überspringen.
Freiheit verbessert die Leistungen.
Freiheit ist eine Voraussetzung, selbst etwas wollen.

DVD Kapitel 9

◉ Hartmut von Hentig: Ein Ort zum Aufwachsen

Die Jenaplan-Schule ist ein anziehender Ort geworden. Zu schön um wahr zu sein? Es ist wahr. Und noch viel mehr ist möglich, wenn Schulen Treibhäuser der Zukunft werden.

> Hartmut von Hentig
> *Ich habe eigentlich immer gefunden, dass die Ganztagesschule eine riesige Veränderung, vielleicht die größte überhaupt, die beste, der durchgreifendste Reform-Impuls wäre, den wir haben könnten. Wir haben die unsinnige Aufteilung von: es gibt Belehrung durch Unterricht und es gibt Leben und für das Zweitgenannte ist die Familie da. Die andere Aufgabe der Schule: „to be a place for kids to grow up in", die wird durch die Ganztagesschule eingefordert, wird erst ermöglicht und auch eingefordert. Das Leben und seine Schwierigkeiten, Eitelkeiten und Ängste finden Antworten in dem Schulcurriculum, es stärkt, die Person wird gestärkt dadurch, dass ich das ein bisschen besser durchschaue, die Sache geklärt habe, na, das wäre die gute, gegenseitige Ergänzung.*
> *Die Bildung, die Schulbildung, öffnet die Augen, stärkt das Lebensgefühl, gegenseitig, und wenn wir uns dann angucken, was wir da haben: eine nach dem Fließbandmuster taylorisierte Belehrungsanstalt.*

Die Belehrungsschule verweist drohend auf den Ernst des späteren Lebens. Das verbreitet nicht gerade Vorfreude. Folglich gehen die meisten Kinder schon nach ein paar Jahren zur Schule wie zum Zahnarzt. Hitzefrei wird bald die beste Nachricht. Lernen gerät in die Nähe von Fronarbeit. Immerhin verhalf diese Schule, die das eigene Leben auf eine ferne Zukunft hin vertröstet, der deutschen Wirtschaft an die Weltspitze. Das war die große Koalition des Industriezeitalters.

Im Übergang zur Wissensgesellschaft wird eintönige Arbeit an Maschinen delegiert. Den Unternehmen bleibt nichts anderes übrig als lernende Organisationen zu werden. Menschen müssen eigene Ideen mit ins Spiel bringen. Kreativität lässt sich nicht anordnen. Neue Bündnisse entstehen.

Jürgen Kluge, McKinsey:
Es ist in unseren Untersuchungen herausgekommen, dass alle diese Länder, die bei Pisa gut abgeschnitten haben, mehr oder weniger ganztägige Betreuung haben und es würde natürlich volkswirtschaftlich eine Menge Sinn machen, jungen, gut ausgebildeten Frauen die Möglichkeit zur Berufstätigkeit zu eröffnen. Vielleicht müsste die Schule das Vorbild sein, das wir dann in die Arbeitswelt mitnehmen. Es würde jedenfalls dem menschlichen Entwicklungspfad viel besser entsprechen. Deswegen fordere ich ja, dass in vielen dieser Dinge Universitäten und auch Schulen im Vorfeld wieder die Standardsetzer sein müssen für das, was wir in der Zukunft haben werden.

DVD Kapitel 10
◉ Jean Pol Martin ◉ Lernen durch Lehren

Wir suchen weiter nach Schulen die gelingen, nach Lehrern, die sich trauen und nach Ideen, die bei Schülern zünden.

Im bayrischen Eichstätt wurde an der Universität eine pädagogische Erfindung gemacht, die bereits an vielen deutschen Schulen den Unterricht verändert: Lernen durch Lehren. Ein Professor für Didaktik der französischen Sprache ist drauf gekommen. Das Willibald Gymnasium in Eichstätt ist sein pädagogisches Labor.

Wie gesagt, wir sind in Bayern, dem Land der ungewöhnlichen Koalitionen – und das ist Jean Pol Martin, der Französischprofessor mit dem neuen Unterricht. Professor Martin eröffnet nur die gut vorbereitete Stunde. Dann sind die Schüler dran. Der Lehrer versteht sich als Geburtshelfer.

Jean-Pol Martin:
Grundsätzlich versetze ich mich in die Lage des Schülers und denke, die sitzen da, die sind vielleicht müde, und dann: wo könnte ich ansetzen, um diese möglichen hundert Prozent der Aufmerksamkeit so an mich ziehen, dass sie sich mit

dem Stoff beschäftigen?
Da ich weiß, dass sie sehr viele Potenzen haben, die ich nur wecken muss, versuche ich, denen den Stoff anzubieten, bei dem ich das Gefühlt habe: aha, die beißen an. Dann liefern sie selber etwas, was mir wieder die Möglichkeit gibt, das zu wiederholen, und dann kommt es allmählich.

Die Schülerin hat sich auf die Ursprünge des Chansons auf den Schlachtfeldern des Mittelalters vorbereitet.

JEAN-POL MARTIN:
Ich versuche, dass sie sich sicher fühlen,. Ich gebe keine Noten. Wenn ich Noten gebe, dann induziere ich Angst.
Ich gestalte meinen Unterricht so, dass die positiven Eigenschaften der Schüler so weit sichtbar werden, dass sie automatisch von den anderen einen Teil Anerkennung bekommen. Das muss man vorher freischaufeln, denn wenn ein Schüler sehr viel weiß aber sehr introvertiert ist – wie sollen die anderen sehen, was er alles in sich hat. Also muss man für die Schüler ein Bühne schaffen und nicht nur das. Man muss den auf der Bühne stehenden, dem Schüler helfen, sich so zu präsentieren, dass sie geliebt werden.

SCHÜLER:
Man passt viel mehr auf, wenn da Schüler vorne sitzen und was erzählen, als wenn der Lehrer was erklärt. Und es sind alle mit eingebunden.

Und es ist eben der berühmte Effekt: wenn man jemandem Mathe erklärt, versteht man es selber umso besser.

Dann ist man auf einer Linie, sozusagen, auf einer Wellenlänge, dann versteht man es halt viel besser.
Machen Sie das auch in anderen Stunden?
Nein, nur in Französisch.
Wir haben im letzten Jahr nie so viel geredet wie in diesem Jahr, vielleicht im ganzen Jahr soviel wie jetzt die paar Wochen. Man merkt es aber nicht, dass er so viel verlangt, weil das alles, ja, nicht spielerisch, aber vielleicht „leichter" kommt.

Jeder Mensch weiß irgend etwas, was die anderen nicht wissen, und das kommt zutage, wenn man entsprechend nachbohrt. Das ist dann auch für die anderen eine Bereicherung.
Jeder verbessert den anderen und man ist nicht so eingeschüchtert, weil man immer denkt: oh Gott, ich habe so viel falsch gemacht. Man denkt sich stattdessen: andere machen auch Fehler, und jeder hilft dem anderen dabei, dass er weiter vorankommt.

Es ist ja nicht schlimm, wenn man Fehler macht. Dafür bin ich ja im Unterricht. Ich muss ja aus den Fehlern, die ich mache, lernen. Und die anderen lernen mit, indem sie mich verbessern.
Ist das auch die Überzeugung der meisten anderen Lehrer?
Hier an der Schule nicht.

Jean-Pol Martin:
Heute morgen hat Michaela diese Chansons beschrieben, diese Epen, die auf dem Schlachtfeld vorgetragen wurden, damit die Soldaten motiviert werden zu kämpfen. Es ist doch toll. Ich wäre ich nie darauf gekommen und dann fragen die von selbst.
Das heißt. Unterrichten heißt Inkohärenzen, Widersprüche entstehen lassen, damit sie geklärt werden. Warum? Weil Menschen nur dann kommunizieren und zusammen reden, wenn etwas nicht klar ist. Mein Unterricht schafft Unklarheiten und der traditionelle Unterricht versucht immer, Klarheit zu schaffen – was auch nicht ganz falsch ist, weil wir beides brauchen. Wir brauchen Unklarheit, damit wir dazu angeregt werden, darüber nachzudenken, wie wir aus dieser Unklarheit Klarheit schaffen.

Wir fahren weiter in den Südwesten zum Bodensee.

DVD Kapitel 11
◉ Die Bodenseeschule St. Martin, Friedrichshafen

Die „Bodenseeschule St. Martin" in Friedrichshafen.
Sie ist Ganztagschule seit 1971, eine der ältesten in Deutschland. Die Bodenseeschule ist eine katholische Schule. Zu ihr gehören eine Grundschule, die Hauptschule und eine Werkrealschule.

Es ist noch nicht 8 Uhr.
Die Schüler holen sich ihr Material und dann legen sie los.

Es ist immer noch keine Acht. – Die Schüler arbeiten, als ginge es um sie selbst, einfach so, ohne Kommando, ohne auf das Klingelzeichen oder auf den Schulgong zu warten.

Man traut seinen Augen nicht. Dabei sind wir in einer siebten Klasse, die Schüler in der Pubertät. Und es ist eine Hauptschulklasse. Das sei eigentlich der Tiefpunkt, hört man überall, „7. Klasse Hauptschule, oh je".
Aber vom täglichen Kleinkrieg oder vom pädagogischen Lazarett „Hauptschule" ist hier nichts zu spüren.

Franz Gresser, Klassenlehrer:
Die Ruhe in der Schule kommt einfach daher, dass jeder weiß, er macht das Richtige für sich, d.h. er ist zufrieden mit dem, was er macht und er weiß, dass ich mich um ihn kümmere. Er kann ganz sicher sein, er weiß, wenn er den Strecker hoch streckt, dann komme ich zu ihm, dann weiß er ganz sicher dass ich komme, er muss kein Jahr oder keine zehn Jahre warten, wie manche Kinder. Ich komme dann spätestens nach fünf Minuten und dann können wir uns um das Problem kümmern; das Problem ist dann auch meistens beseitigt und dann kann er wieder ganz zufrieden weiterarbeiten – und daher kommt die Ruhe.

Die Schule bietet eine – wie man hier sagt – vorbereitete Umgebung: den Raum, die Zeit und vor allem die Gelassenheit zum Lernen. Sie schafft viele Gelegenheiten. Sie riskiert das eigentlich Selbstverständliche: Lernen als eine Aktivität der Schüler. Lernen als eine Strategie, sein Leben in die eigene Hand zu nehmen. Dazu ermutigen die Lehrer. Dahin zieht – oder erzieht die gesamte Organisation des Alltags.

Schüler:
Jeden Tag wäre es gut, wenn wir Deutsch und Mathematik machen würden, und ich habe jetzt schon ein bisschen Mathematik gemacht, und jetzt mache ich halt auch noch Deutsch.

Schülerin:
Wir müssen eigentlich nicht so das machen, was der Lehrer sagt, wir machen ja die Karten und soweit, wie wir kommen.

Schüler:
Mir macht es besonderen Spaß, dass wir aussuchen können, was wir machen können, also wir sind nicht festgebunden, Deutsch zu machen, wir können auch Mathe machen, wenn wir wollen.

DVD Kapitel 12
◉ Alfred Hinz ◉ Freiarbeit und Leistung

Die Arbeitsatmosphäre, von der Besucher der Bodensee-Schule so verblüfft sind, ist weder Zauber noch Idylle. Hier ist lediglich selbstverständlich, was man von den Mitarbeitern in jedem Büro erwartet.

> Alfred Hinz, Rektor:
> *Wir haben in Baden-Württemberg in der neunten und zehnten Klasse zentral von Stuttgart gestellte Arbeiten, vom Kultusministerium, das ist ja auch ein Gradmesser, und die schaffen wir mit einer Hand. Ich sage das so lapidar, trotz oder vielleicht sogar gerade wegen der freien Arbeit und trotz oder sogar wegen des vernetzten Unterrichtes.*
> Wofür entscheiden sie sich? Für „trotz" oder für „wegen"?
> *Wegen, unbedingt für „wegen". Ich bin davon überzeugt, dass das eigentlich der Beweis ist, dass Schule sich ändern muss, weil wir auch bessere Schulleistungen im alten Sinne abliefern, ganz einfach.*

Die Fächer wurden abgeschafft. An ihre Stelle treten Freiarbeit, vernetzter Unterricht und Projekte. Freiheit und Struktur sind das Yin und Yang dieser Schule. Die ersten drei Jahre sind die Kinder in Familienklassen zusammen. Die Altersmischung soll gar nicht erst die Illusion aufkommen lassen, die Kinder ließen sich alle auf den gleichen Stand bringen, um dann im Gleichschritt voran zu marschieren. Von Anfang an wird der Vorteil, verschieden zu sein, entdeckt. Das Besondere und Eigene der Kinder soll nicht abgeschliffen werden.

> Schülerin:
> *Dann können die Älteren den Jüngeren oft helfen. Ich bin in der Zweiten, sie ist in der Dritten, jetzt kann sie mir das ein bisschen zeigen.*

Individualisierung und Gemeinschaft sind Pole. Sie erzeugen starke Kraftfelder.

> Michael Bucher, Klassenlehrer:
> *Die Kinder lernen von den Kindern manchmal besser als von mir. Die sind unbefangener und haben manchmal noch einen direkteren Bezug und lassen sich von Gleichaltrigen auch mehr sagen. Ich denke, das ist ein ganz großer Vorteil.*

Schulen, denen es gelungen ist, ein Lebensort zu werden, erkennt man daran, dass sie Rituale, Regeln und Reviere haben.

Sie kultivieren Rhythmen und manchmal fangen sie den Rock'n Roll.

Mit dem gemeinsamen Essen verhält es sich ähnlich wie mit gutem Unterricht. Essen ist so wenig die Einnahme von Kalorien wie Unterricht das Abspeichern von Informationen sein kann.

ALFRED HINZ:
Wir haben den Tag sehr sauber strukturiert. Das ist, glaube ich, ganz wichtig. Wir haben uns von diesem elenden 45-Minuten-Raster völlig gelöst. Das kann man natürlich in einer Ganztagesschule viel leichter als in einer Halbtagsschule. Wir haben keine Glocke mehr, gar nichts.

Nicht weit von Friedrichshafen, hinter den Bodenseehügeln, residiert Deutschland feinste Schule im Schloss Salem.

BERNHARD BUEB, SCHULLEITER:
Was ich an der Bodenseeschule erlebt habe, war Begeisterung von Kindern, Arbeitshaltung, Konzentration – alles Eigenschaften, die selten sind in der Schule. Ich kann auf ihre Frage nur noch mal sagen: wir blicken mit Bewunderung auf die Bodenseeschule.
Um das aufzubauen, was die Bodenseeschule jetzt ist, müssen sie einen langen Atem haben. Das geht ja nicht innerhalb von drei Jahren, sondern es muss eine Kultur entwickelt werden, dann müssen Personen gefunden werden, die das machen, die auch zu der Mehrarbeit bereit sind. Was die da arbeiten, ist erheblich mehr als das, was ein normaler Lehrer tut, aber sie tun es mit Begeisterung, sie empfinden das nicht als Belastung.

DVD KAPITEL 13
◉ Der Lehrer als „Gastgeber"

Wir kehren zur Bodensee-Schule zurück. Worin liegt das Geheimnis ihres Gelingens?

Der Lehrer ist morgens als erster da. Wie ein Gastgeber bereitet er sich und den Raum auf die Schüler vor. Und manche sind schon eine halbe Stunde früher da.

Der Lehrer als Gastgeber, das ist erneut eine Entdeckung des Selbstverständlichen, die alles andere als selbstverständlich ist.

Investitionen in die Atmosphäre, in die Räume, vor allem in die Vorbereitung und ein schier verschwenderischer Umgang mit Zeit erzeugen hohe Renditen.

> SCHÜLERIN:
> *Wir haben drei Stunden FSA und dann haben wir meistens 10 Minuten oder 5 Minuten Pause.*
> Und das ist nicht zu lang?
> *Nein.*

FSA, Freie-Still-Arbeit, das ist die Zeit höchster Konzentration. Drei Stunden freier Arbeit, da denkt man an Jean Jacques Rousseaus Paradox: Zeit verlieren heißt Zeit gewinnen.
Der Lehrer wird Beobachter. Er hilft Schülern, ihre Eigenzeit zu finden, ihre besonderen Möglichkeiten auszuloten und an ihrem Notwendigen zu arbeiten.
Aber gibt es nicht auch hier die renitenten Null-Bock-Schüler?

> FRANZ GRESSER:
> *„Keinen Bock" gibt es hier eigentlich nicht, da stecken dann meist ganz handfeste Dinge dahinter. Weil er sich an irgend etwas nicht herantraut, oder weil etwas zu lange dauert, oder weil er irgend etwas nicht versteht. Im schlimmsten Fall sagen wir mal so, gehe ich einfach hin und sage, das machst du jetzt, probier das jetzt einfach. Und das andere Extrem ist, dass du es einfach lässt. Also, wir lassen ihn jetzt einfach keinen Bock haben. Aber oft sind es ganz andere Ursachen. Also hinter dem „kein Bock" versteckt sich so vieles, das muss man rauskriegen – und das kriegt man auch raus. Wir kennen ihn ja.*

Wenn man so arbeitet, kennt man ihn gut. Ich kenne ihn persönlich sehr gut, weil ich bei ihm daheim war und mit den Eltern geschwätzt habe, mit ihm geschwätzt habe, wir haben zusammen Mittag gegessen. Von all der Zeit, die wir hier zusammen verbringen, kenne ich ihn gut – und ich interessiere mich für ihn – ernsthaft.

Respekt vor der *Eigenzeit* der Schüler fördert ihren *Eigensinn.* Das Eigene wird nicht gekränkt. In ihm liegt die Geheimgrammatik eines Jeden.

> ALFRED HINZ:
> *Die Grundstruktur ist aber, dass wir kapiert haben, dass die Kinder einmalig*

sind, dass jedes Kind für sich einmalig ist und nie noch mal auf der Welt existiert. Da kann ich doch nicht morgens einen Einheitsbrei über die Kinder gießen und sagen: "jetzt lernt euch", würde man im Ruhrgebiet sagen, lernt euch, sondern da muss ich fragen: was passiert jetzt mit der kleinen Anika da hinten, die ich vielleicht gestern in dem und dem Zustand zurückgelassen habe? Was habe ich mir heute überlegt? Also diese Individualisierung ist u.a. ein Schlüssel der Pädagogik, ganz sicher.

Schülerin:
Also, in der Ersten, da hat Herr Bucher sehr viel mit uns gemacht und jetzt ist es eben ganz anders. Jetzt müssen wir uns um die Kleinen kümmern und Herr Bucher kümmert sich auch mehr um die und nicht so um uns.
Wie ist das für dich?
Geht so. Dass Herr Bucher sich jetzt nicht mehr so arg um die Drittklässler kümmert finde ich schon zwar ein bisschen blöd, aber dass wir die Verantwortung haben... und wir sind ja auch das Vorbild für die Ersten. Das ist aber schon ziemlich schwer.

Michael Bucher:
Je homogener eine Gruppe ist, desto eingeschränkter sind die Beziehungsmöglichkeiten und je heterogener so eine Gruppe ist, gerade mit verschiedenen Jahrgängen, ergeben sich einfach viel mehr Möglichkeiten Beziehungen aufzubauen, Beziehungen zu pflegen und für Kinder ergibt sich ebenfalls die Möglichkeit, in Beziehungen hineinzuwachsen. Wenn die Einser, also die Erstklässler kommen, dann sind sie meistens noch ziemlich erschrocken und kommen ganz schüchtern rein, aber sie müssen gar nicht vorne dran stehen, dazu sind die Zweier und Dreier schon da, die sie an die Hand nehmen, die sie vom Bus abholen, die sie zum Bus bringen. Den Zweiern, das merkt man dann, gibt es einen richtigen Schub, wenn sie nicht mehr die Kleinen sind, sondern die Einser dazukommen, und die Dreier wachsen sowieso um zehn Zentimeter innerhalb der ersten Schulwoche, weil sie dann merken: ich bin der Große. So können sie in Verantwortung reinwachsen und Verantwortung auch richtig wahrnehmen.

DVD Kapitel 14
◉ Freiwilliges Lernen und Bewertung

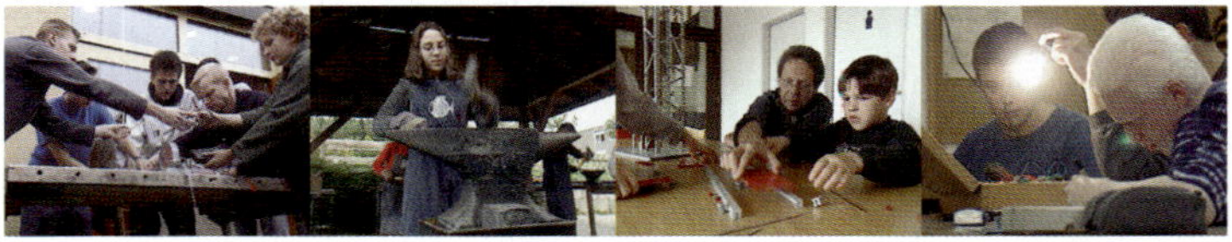

Viele Besucher quält anschließend die Frage: Wie steht es denn mit der

Leistungsüberprüfung? Sie zweifeln, ob Kinder wirklich freiwillig lernen wollen. Eigentlich glauben sie, dass Kinder schummeln wollten. Nach sich überschlagenden Begeisterungen gewinnt ihr Misstrauen wieder Oberhand. Schreibt man hier denn überhaupt Klassenarbeiten?

Alfred Hinz:
Der Terminus „Klassenarbeit" ist erst in der Sekundarstufe 1 im baden-württembergischen Schulgesetz zu finden. Für die ganze Grundschule steht nicht einmal das Wort Klassenarbeit darin – also machen wir auch keine. Zweitens gibt es gar keine Definition von Klassenarbeit von der Art „im gleichen Raum, zur gleichen Zeit, das gleiche Thema". Und die Freiarbeit verlangt eigentlich, dass man keinen klassengebundenen Test oder keine klassengebundene Arbeit zusammen schreibt.
Und warum soll ich einen Menschen quälen, der jedes Mal siebzig Fehler in der Rechtschreibung hat? Der schreibt kein Diktat mehr. Oder bin ich ein Sadist? Also sage ich: versuche fehlerfrei von der Tafel zu schreiben oder von dem Blatt. Wenn du das fehlerfrei schaffst, dann feiern wir das zusammen. Das sind doch ganz einfache Dinge und das hat nichts mit Schmusepädagogik zu tun, sondern das ist einfach die Achtung vor dem anderen Menschen. Insofern verbietet sich bei uns ein globales Schreiben von Arbeiten.

Aber es wird gearbeitet. Wenn nicht für Prüfungen gelernt wird, werden die Dinge wichtiger. Wird die Leistungsbewertung aus dem Lernalltag heraus gehalten, wird die Schule ein geschützter Raum, frei für Neugierde und für Experimente.
Auf Bewertungen wird nicht verzichtet. Aber sie kommen von außen. Der Innenraum der Schule wird gedehnt, die Köpfe werden klarer, das Lernen wird nachhaltiger.

Für solche Experimente braucht man Zeit und eine Schule, die ein Lernlabor wird – an vielen Stellen.

Gleich nebenan, die Schmiede. Die Arbeit am Amboss ist auch eine Art Geschichtsunterricht: Archäologie des Handwerks.

Diese Arbeitsgemeinschaften gibt es schon am späten Vormittag, und am Nachmittag steht dann wieder Unterricht auf dem Plan. Der Tag wird rhythmisiert.

Was gefällt euch hier?
Schüler:
Ja, halt das Bauen, entweder nach Anleitung bauen oder Phantasie-Sachen.
Was machst du lieber?
Phantasie.

Marcus Schleicher, Lehrer:
Sie kommen hier rein, und plötzlich wird es ganz ruhig. Sie kommen aus der Freizeit, ziemlich aufgeregt, und plötzlich geht die Lautstärke ganz runter und alle sind total am Bauen und sind konzentriert.

Eine komplette Druckerei konnte vor dem Verschrotten gerettet und billig erstanden werden.
In der mehr und mehr virtuellen Welt will diese Schule ganz und gar ein Ort sein. Ein Sinnenort.

DVD Kapitel 15
◉ Lehrer, Ganztag und die Rhythmen

Das Lehrerzimmer. Herz und Verstand jeder Schule. Ob man will oder nicht, hier werden die Prototypen für die Art von Beziehungen für die ganze Schule modelliert. Herrscht im Lehrerzimmer eher Kommunikationsfreude oder Autismus, eher Respekt oder Verachtung?

Alfred Hinz:
Ach ja, was ist das? Ich glaube, das Problem sind schon die Lehrer, ohne eine Nestbeschmutzung machen zu wollen. Man muss es natürlich wollen und es gibt natürlich Rahmenbedingungen, die mies sind und wir haben hier gute Rahmenbedingungen, wir haben wirklich ausreichend Finanzen, wir haben ausreichend Raum und durch die Ganztagesschule haben wir ausreichend Zeit und wir haben ein totales Wahlkollegium, also handverlesene Lehrer, keiner ist bei uns abgeordnet, wir haben keinen Wanderpokal, wie es so schön heißt. Ja, das muss man nüchtern sehen, das sind Rahmenbedingungen. Da nehme ich alle anderen Kollegen in Schutz, die unter ganz anderen Bedingungen arbeiten müssen. Da ziehe ich alle Hüte, die ich auf dem Kopf habe – und dennoch muss man irgendwann auch als Lehrer sagen: jetzt wollen wir etwas ändern und das geht ans Eingemachte und da muss man heilige Kühe schlachten.
Zum Beispiel?
Zum Beispiel muss man wirklich diese fünfundvierzig Minuten abschaffen, das ist doch das Einfachste. Klemmt doch ein Tempotaschentuch zwischen Wagnerschen Hammer und Glocke und schon tönt sie nicht mehr, das kostet nichts.

Schulen gelingen, wenn die Mischung aus Konzentration und Entspannung stimmt und wenn ihnen beides ebenso wichtig ist.

> Jutta Widmaier, Leiterin im Ganztagesbereich:
> *Wir haben Sozialpädagogen, wir haben Sozialarbeiter, wir haben Erzieherinnen, wir haben Jugend- und Heimerzieher und wir haben ganz einfach Mütter. Mütter, die in der Mittagspause genauso da sind für die Kinder, nicht nur für ihre eigenen sondern einfach für alle.*
> *Insgesamt laufen in der Woche 96 verschiedene Freizeitgruppen und Arbeitsgemeinschaften.*

Auch das weitetet den Horizont: Eltern, Künstler und Experten kommen als Botschafter aus der tätigen Welt. Kinder lernen mit ihnen eine andere Art von Erwachsenen kennen.

In der 7. Klasse. Ein Projekt im vernetzen Unterricht. Geschichte, Naturwissenschaft, auch Deutsch. Thema: das Mittelalter. Von der Zubereitung bis zum Löffel: alles muss stimmen. Das Motto dieser Schule könnte lauten: Seele und Genauigkeit.

Besucher staunen: Warum hören sie so gut wie keine Klagen über zu große Klassen? Liegt es daran, dass die Klasse ein kleiner Kosmos ist? Und jeder Schüler eine Ressource?

> Alfred Hinz:
> *Also Leistung so zu präsentieren halte ich für eine hohe Kultur der Schule. Und das wiederum kann man natürlich auch an dem Nachmittag besser als morgens, denn die morgendlichen Stunden braucht man einfach für die Freiarbeit, die kognitiven Leistungen. Und am Nachmittag ist das natürlich auch ein Teil davon, aber so was Erlebnisorientiertes ... Ich sage immer wieder, es muss eine Balance sein zwischen kognitiver Leistung, emotionaler Leistung und sozialer Leistung.*
> Wie spät ist es jetzt?
> *Es ist 14.45. Und die Kinder sind so frisch. Es gibt ja noch eine zweite Leistungskurve nach 14 Uhr. Also man kann auch jetzt was abrufen. Aber wenn das natürlich mit dem Erleben verbunden ist – also besser kann ich es mir nicht vorstellen.*

Aber um 15.40 Uhr geht auch die Bodenseeschule zu Ende. Fast 8 Stunden Schule – ist das vielleicht nicht doch etwas viel?

> Was wäre, wenn von nächster Woche an der Nachmittag gestrichen würde, weil das nicht mehr ginge?

Schülerinnen:

Das wäre traurig. Das fände ich schade.
Ich habe Zirkus und Schwimmen.
Ich habe Zirkus und Hörspiele.
Also wenn man eine FG hat, die Spaß macht, ist es schön, aber wenn man sich eine FG ausgesucht hat, die keinen Spaß macht, dann geht der Nachmittag ganz lange, aber wenn es Spaß macht, dann dauert es nur wie eine Minute oder so.

Die Schulsachen sind erledigt. Gewöhnlich auch die Hausaufgaben. So gesehen ist Ganztagsschule ein missverständliches Wort. Für wie viele Kinder verlängern Hausaufgaben die Halbtagsschule zu einem nicht enden wollenden Ganztagsereignis?

DVD Kapitel 16
◉ Eltern und die Bodenseeschule

Abends sind häufig Eltern in der Schule. Heute potentielle Eltern. Der Andrang ist groß. Die Grundschule ist die beliebteste weit und breit.

Alfred Hinz:

Schule ist Stätte der Personenwerdung, Wissensvermittlung kann sie gar nicht verhindern. Wir haben keine Fächer mehr. Wir haben die Fächer abgeschafft. Kinder müssen komplexe Sachen bekommen und nicht detailliertes Wissen. Die Beziehung unter den Dingen herstellen bedeutet, Erkenntnisse vermitteln. Wir werden sehen, wie den Kindern die Vernetzung gut tut. Sie wird Ihnen gut tun, Sie werden neidisch werden auf ihre Kinder, Sie werden jammern, dass Sie nicht selbst unsere Schule besuchen dürfen und das gefällt mir eigentlich dann sehr gut.

Keine Fächer. Vernetzter Unterricht. Freie Stillarbeit. Das sind gewöhnungsbedürftige Wörter. Aber die Eltern verstehen schnell, dass diese Art Schule mit ihrer Arbeitswelt viel mehr zu tun hat als die vertraute Welt der Fächer und des Lehrplans.
Die Schule vernetzt Fächer und Handlungsfelder – fast so wie im richtigen Leben.

Nach Unterricht, Arbeitsgemeinschaften und Freizeit: das Fest. Eine Gelegenheit für Eltern, etwas zurück zu geben.

MÜTTER:
Es ist nicht nur eine Schule, sondern auch ein bisschen Zuhause.
Da haben sie ein super Angebot, das könne wir als Eltern gar nicht zu Hause bieten, an Sport, an Musik, an Feinmotorik.

Die haben, wenn sie um 4, halb 5 nach Hause kommen, Freizeit, zum Spielen... das ist schön.

Die Bodenseeschule ist, wie gesagt, eine katholische Schule. Gewiss sind andere Feste und ganz andere Rituale denkbar. Aber Schulen sollten keine Lernfabriken mehr sein, kein Niemandsland ohne Form und ohne Rituale.

Und was sagt der Bischof zu all' dem?

ALFRED HINZ:
Der ist stolz auf uns. Es ist natürlich so, wir haben im Südwesten Gott sein Dank denkende Bischöfe, ich muss das so deutlich sagen, die kommen alle aus der Tübinger Schule, das sind auch ein bisschen Aufmüpfige. Der hat natürlich begriffen, dass wir Religion auch nicht mehr als Fach in fünfundvierzig Minuten haben, das ist ja genauso ein Käse wie Erdkunde in fünfundvierzig Minuten, sondern dass wir vernetzen und Religion ist natürlich das Vernetzungsfach überhaupt.
Heißt ja auch schon so: Re-li-gio, Bindung...
..heißt ja auch schon so: das Band und die Verbindung, ja, bitte. Ein Bonbon ist das. Er hat sofort begriffen: die machen ja hier viel mehr als in den zwei mal fünfundvierzig Minuten. Also auch kirchenpolitisch sehr klug, dass er uns das Dekretum unterschrieben hat. Also ich als Bischof hätte das auch sofort gemacht. Ich würde noch ganz andere Sachen machen.
Was würden sie machen?
Ausgehend von unserem Menschenbild müsste man eine Einheitsschule machen. Nicht eine Gesamtschule, wie sie jetzt ist, sondern eine Einheitsschule, und über die müsste man reden. Das wäre die Schule für die Demokraten und die brauchen wir.
Einheit hört sich immer so nach Gleichförmigkeit an?
Ja, und nach Gleichmacherei, nein, nein. Sie haben ja mitgekriegt, was ich damit meine. Das bedeutet ja nicht, dass man die Individualisierung unterlässt. Im Gegenteil, erst mal ist es ein Reichtum, unterschiedliche Intelligenzen, unterschiedliche Anlagen zu haben. Der Umgang mit Heterogenität – das ist das Problem von deutschen Schulen. Von daher müssten alle im Sinne der Würde des Kindes einheitlich behandelt werden. Da sind dann alle, der ganz schwach Begabte wie auch der ganz stark Begabte, gleich wertvoll.

DVD Kapitel 17
◉ Internat Salem ◉ Schule als Lebensort

Schloss Salem mit seiner berühmten Internatsschule. Auch eine ganze Schule, konzipiert aus der Einheit von Arbeit und Freizeit, von Erziehung und Unterricht, von Leben und Lernen.

Übrigens vergibt Salem an etwa ein Drittel seiner Schüler Stipendien. Dafür hat diese Schule auch einen eigennützigen Grund: Mehr Mischung bekommt allen. Sie stimuliert. Homogenität ermüdet.

> Bernhard Bueb:
> *Ich bin der Meinung, dass die unheilige Allianz von Herkunft und Bildung, die Tatsache, dass gerade die Unterschicht besonders geringe Chancen hat, die höhere Bildung zu erreichen, auch dadurch verursacht ist, dass der emotionale Bereich der Erziehung in unserem Land total vernachlässigt wird. Es wird immer nur das Akademische gesehen. Es wird nicht gesehen, dass ein Kind aus der Unterschicht am Nachmittag eine emotionale Zuwendung des Lehrers, des Erwachsenen braucht, sich aber auch in einem Kontext von Gleichaltrigen befinden muss, die mit ihm gemeinsam etwas machen. Ich bin überzeugt, dass hier eine der Hauptursachen für unsere Misere ist, ich meine, einer der Hauptakzente der ganzen Bildungspolitik müsste auf der Einrichtung von Ganztagesschulen liegen. Aber das ist natürlich zum einen nicht finanzierbar in diesem reichen Land und die Hauptfeinde einer Ganztagesschule sind die Lehrer. Die werden sich mit Händen und Füßen wehren, wehren gegen die Selbstverständlichkeit, dass der Arbeitsplatz des Lehrers die Schule ist.*

Die deutsche Schule ist traditionell nicht als Lebensort konzipiert. Sie setzt auf Belehrung. Mit Raum und Zeit für Eigenständigkeit und Zusammenarbeit hat sie gegeizt.

DVD Kapitel 18

◉ Die alte Schule und der Mythos von „heiler Familie"

Die Belehrungsschule stand im Schatten der Familie. Der Mythos der heilen Familie sagt: Zu Hause spielt sich das wahre und erfüllte Leben ab. Die Schule ist nur für die Vermittlung von Inhalten zuständig.

Gisela Erler:
Ich nenne das: die deutsche Tragödie, Die Tragödie liegt darin: viele wollten das Beste für die Kinder und das Beste für die Mütter. Sie dachten, diese Form der Familienidylle – auch durch das Ehegattensplitting und indem die Mütter der Kinder nicht arbeiten müssen, ja, diese geschlossene Familie mit dem Ernährer Vater und der vielleicht irgendwann teilzeitarbeitenden Mutter – das ist das, was Menschen glücklich macht. Die Form, wie das durchgesetzt wurde, also nur dieses Angebot vorzuhalten und kein anderes, hat wirklich zu einer tragischen Entwicklung geführt. Sehr viele Frauen bekommen keine Kinder.
In Deutschland ist das besonders deutlich. Wir haben die höchste Quote von kinderlosen Akademikerinnen auf der Welt, es sind jetzt etwa 40% der akademischen Jahrgänge, die abgeschlossen sind, die keine Kinder mehr bekommen. Sie sind diesem Mythos ausgesetzt, dass ich keine gute Mutter sein kann, wenn ich nicht beim Kind bin.

Jeanne Rubner, Süddeutsche Zeitung:
Ja, das ist leider tief in den Köpfen drin, auch in unseren eigenen Köpfen. Als Frau ist man immer in diesem Zwiespalt: darf ich mein Kind in einen Hort geben oder muss ich mich selbst darum kümmern.
Mittlerweile hat sich die Erkenntnis durchgesetzt, dass Mütter vielleicht nicht die einzigen Menschen sind, die ihre Kinder erziehen können. Es gibt andere, qualifizierte, ausgebildete Menschen, die unsere Kinder erziehen können und ich meine, wenn wir uns endlich mal von dieser Vorstellung des typisch deutschen Mutterbildes lösen könnten, hätten wir die große Schwelle überwunden. Dann können wir auch über Ganztagesschulen reden

Gisela Erler:
Ich gebe ihnen ein Beispiel: ich betreibe mit meiner Firma eine Krippe für das europäische Patentamt in München. Das europäische Patentamt beschäftigt Wissenschaftlerinnen und Wissenschaftler aus vielen europäischen Ländern. Diese

Familien bekommen von ihren Arbeitgebern hochwertige Kinderbetreuung zu sehr günstigen Preisen zur Verfügung gestellt, attraktive Krippen, und das geht dann über die Schule und auch bis zum Abschluss. Internationale Schulen, internationale Krippen. Diese Frauen, diese Familien bekommen Kinder wie die Hasen, zwei, drei, vier Kinder, als Wissenschaftlerinnen, Vollzeit arbeitend, acht Wochen nach der Geburt ihrer Kinder kehren die zurück, also nach europäischem Recht oder zwölf Wochen inzwischen, und das flutscht. Jetzt sage ich nicht, dass alle Frauen drei, vier Kinder bekommen sollen oder zwei, drei, aber das ist so eindrucksvoll. Wenn sie diese Stellschraube bedienen und den Leuten so etwas anbieten – und das sind tolle Familien, die haben ein schönes Familienleben – dann bekommen die Leute Kinder. Es ist wirklich ziemlich einfach.

DVD Kapitel 19
◉ Evangelische Ganztagsgesamtschule Gelsenkirchen ◉ Der Raum ist der dritte Pädagoge

Ruhrgebiet. Vernarbte Industrielandschaft.
Auch hier werden Treibhäuser der Zukunft gebaut. Zum Beispiel in Gelsenkirchen die evangelische Ganztagsgesamtschule.

Der Raum ist der Dritte Pädagoge, nach den Lehrern und den anderen Schülern. Und die rhythmisierte Zeit, sollte man hinzufügen, ist der vierte Pädagoge.

Die deutsche Schule setzt traditionell nur auf den einen Pädagogen, den Lehrer, überfordert und schwächt ihn.

In dieser Schule gibt es neben dem gemeinsamen Unterrichtsraum Nischen, in denen das Eigene und Besondere der Schüler gedeihen soll. Und mit den Gelegenheiten zur Individualisierung wächst der Sog zur Kooperation.

Jede Klasse bewohnt ihr eigenes, zweistöckiges Reihenhaus.

Die Schule ist noch im Aufbau. Fünftklässler planen an ihrem Haus mit. Die Architekten berücksichtigen die Vorschläge der Kinder. Nach einem

Jahr ist das Haus fertig und nach den Ferien beziehen die Sechstklässler ihr Haus.

Schülerin:
Und wenn man dann da mitbaut und das verwirklicht, dann ist man irgendwie stolz.

Stolz auf die Schule und stolz auf sich selbst, ein Kinder- und Menschenrecht. Im Übergang zur Wissensgesellschaft wird Selbstbewusstsein eine Produktivkraft. Wertschätzung wird eine Bedingung von Wertschöpfung. Abschied von der Misstrauenskultur.

Jürgen Kluge, McKinsey:

Jeder Euro, den wir investieren, zahlt sich – und da gibt es Studien in der Schweiz, in den USA, in anderen Ländern – zahlt sich volkswirtschaftlich sehr wahrscheinlich mit mindestens drei, vier Euro langfristig aus; weniger Arbeitlose, weniger Jugendkriminalität, weniger Belastung des Sozialsystems.
Das Kernproblem, was unsere Zukunft gefährdet – wir müssen die anderen auch lösen – ist aber das Bildungsproblem, und das hat zwanzig Jahre Vorlauf, das liegt über den Zeithorizonten, in denen Politiker üblicherweise denken, geschweige denn wieder gewählt werden, und es ist auch für die normale Bevölkerung ein bisschen lang.

DVD Kapitel 20
◉ Martin-Luther-Schule, Herten ◉ Initiative und Selbstbewusstsein

Die Martin-Luther-Schule in Herten, eine Hauptschule.
10 Kilometer entfernt vom imposanten Neubau in Gelsenkirchen wird diese Schule aus eigenen Kräften umgebaut.

Hermann Kuhl, Konrektor:
Überall dort, wo Schüler selbst tätig werden, wo Schüler selber begrifflich, greifend, anpackend ihre Schule gestaltet haben, identifizieren sie sich mit den Aufgaben, den Arbeiten und mit den Resultaten, und damit erzielt man natürlich auch eine ganz andere Atmosphäre an der Schule.

Herr Poggensee, ein Polier in Rente, hilft mit, dass die Schule eine Heimat für die Schüler wird.

Schüler:
Es wird nichts von bezahlten Arbeitern gemacht, die Schüler können direkt am Projekt mitarbeiten und können selbst ihre Spielplätze gestalten.

Wir haben hier einen eigenen Fußballplatz, Basketballplatz.

Da ist man auch stolz; wenn man nachher auf dem fertigen Platz spielt, kann man sagen, ich habe hier mitgearbeitet.

Das man nicht nur Unterricht hat, sondern dass das auch mal ein bisschen anders gestaltet wird.

Mütter haben mit Hilfe des Hausmeisters im Keller ihre Küche eingerichtet. Alles ist ein bisschen improvisiert und es läuft gut. Noch gibt es Essen und Schule bis 15 Uhr in der Martin-Luther-Schule nur für die 5. und 6. Klassen. Die Schule hat, ohne höheren Orts viel zu fragen, den ersten Schritt gemacht.

Mutter:
Das sieht eher aus wie die Küche zu Hause. Wir kochen auch so, dass es für die Kinder wie zu Hause ist. Man muss hier mit dem, was hier zur Verfügung ist, auskommen.

Nach dem Essen erledigen die Schüler ihre Aufgaben – ehemals Haus-aufgaben.
Lehrer haben endlich Zeit für Einzelne.
Manche Schüler machen häufig zum erstenmal Erfahrungen mit freier Arbeit.

Monika Teitz, Klassenlehrerin:
Das ist manchmal für so eine alte Lehrerin wie für mich recht anstrengend. Da bin ich manchmal nach fünfzehn Uhr auch ganz schön geschafft, aber es hat Vorteile, weil wir innerhalb der Zeit uns Zeit lassen können.

Schülerinnen
Die Eltern sind ja auch meistens nicht da, die arbeiten ja.

Zu Hause, da kann man ja gar nichts machen. Wenn man da Probleme hat, dann hat man ja keine Lehrerin, und die Brüder können ja auch nichts machen.

Marlies Bock, Schulleiterin:
Nachmittagsunterricht gab es nur mal im Bereich Sport oder Kunst – wurde zunächst von den Lehrern nicht sehr mit offenen Armen empfangen. Inzwischen sehen wir unsere Kinder an und sagen, dass wir es eigentlich für alle anbieten

müssten. Weil es alle brauchten – die Hilfen, den größeren Zeitraum, in dem man am Nachmittag arbeiten kann, die Atmosphäre, wenn nicht mehr alle zusammen in einer großen Gruppe wie der ganzen Klasse sind, u.ä. Inzwischen sind wir eigentlich überzeugt davon, dass es ein Weg für alle sein müsste.

DVD Kapitel 21
◉ Gymnasium Klosterschule, Hamburg ◉ Ganztagsschule oder ganztägiger Unterricht?

Die Klosterschule, lange Zeit Hamburgs einziges Ganztagsgymnasium. Die Schule hat Zulauf wie noch nie. Viele Bewerber müssen abgewiesen werden. Ein Grund für den Andrang auf das Hamburger Ganztagsgymnasium ist die Schulzeitverkürzung. Das Abitur künftig nach acht Jahren. Deshalb wird Nachmittagsunterricht an zwei Tagen die Woche an allen Gymnasien eingeführt.

So stellt sich die Frage: gibt es ganztägigen Unterricht in der verlängerten Vormittagsschule oder einen neuen Rhythmus, den Schulen nun finden müssen?

Mütter:
Meine größten Bedenken in der weiteren schulischen Laufbahn liegen eigentlich im sozialen Bereich, in dem, womit die Kinder sich so auseinandersetzen müssen, und da hatte ich hier das Gefühl, dass die Atmosphäre einfach eine andere ist.

Hausaufgaben, Eltern und Kinder an einem Tisch, das ist in vielen Familien relativ furchtbar – also da hoffe ich auf diesen Schwimmlehrereffekt, wenn er das nämlich dann hier an der Schule auch erfährt.

Ich habe einen einzigen Tag an einer Projektwoche teilnehmen können, und das war sehr, sehr interessant, was ich da über die Kinder, über die Schule, über die untereinander gesehen habe, das finde ich einfach sehr begrüßenswert.

In Deutschland hat die Ganztagsschule wenig Tradition. Die Aussicht auf „den ganzen Tag Schule" mobilisiert Vorurteile, zumal bei Menschen, die an ihre Schulzeit nicht erinnert werden wollen.

Strasseninterviews:

Es reicht mir jetzt schon, wenn ich bis Nachmittags in der Schule sein muss. Wenn wir dann auch noch Hausaufgaben kriegen – dass wäre mir alles zu anstrengend. Das reicht so schon.

Donnerstags habe ich zum Beispiel bis halb fünf Schule, das ist, glaube ich, schon fast das Niveau der Ganztagsschule, das würde keinen großen Unterschied machen.

Ganzen Tag in der Schule wäre Scheiße.
Warum?
Ja, da muss man den ganzen Tag lernen – können wir jetzt gehen?

Ich war auf einer Ganztagsschule. Dreimal die Woche hatte ich bis Nachmittags Unterricht.
Und wie war das?
Also ich fand's in Ordnung. Ich hatte keine Probleme damit. Und die Freizeit hat auch nicht darunter gelitten.

Und im Übrigen können Frauen auch nicht arbeiten gehen, wenn ihre Kinder um 13 Uhr auf der Matte stehen. Ich finde es sehr gut. Es sollte verbindlich überall eingeführt werden, wie es in anderen Ländern in Europa auch ist.

Ich habe jetzt einige Zeit in Amerika verbracht. Da ist das Gang und Gäbe und ich kann nicht sagen, dass das irgendwie geschadet hätte.

Die Kinder sollten im Elternhaus erzogen werden und nicht in der Schule.

Wenn beide Elternteile arbeiten wollen, sehe ich nicht, wie das unter einen Hut zu kriegen ist. Und den Kindern tut es gut. Sie ist eigentlich ganz glücklich.

Sollten nicht Schulen die Schlösser der Zukunft sein?

Sollten sie nicht von den besten Architekten gebaut und von den am höchsten geschätzten Menschen betrieben werden?

Sollte Schule nicht wie einst bei den Griechen Muße bedeuten, Freiheit von Geschäften?

DVD Kapitel 22

◉ Montessori-Gesamtschule, Potsdam ◉ Respekt und Würde

Potsdam.
Hinter dem Schloss finden wir eine Schule zum Verlieben, aber erst auf den zweiten Blick.
Die Montessori-Gesamtschule.
Eine Schule, derentwegen Familien von Berlin nach Potsdam umziehen. Sie ist eine ganz normale Staatsschule, wenn auch mit den besonderen Freiheiten einer Versuchsschule ausgestattet. Die Montessori-Gesamtschule gewann den Brandenburger Wettbewerb innovativer Schulen.

Schulen müssen spannende Orte sein. Die Vorfreude der Kinder auf sich selbst, dieser Auftrieb des Lernens, darf nicht gebremst werden.
Die Schule muss neugierig auf die Welt machen und den Interessen Futter bieten. Sie muss die Anstrengungsbereitschaft der Kinder herausfordern.
Sie muss hungrig machen und nicht satt.

> Ulrike Kegler, Schulleiterin:
> *Die Schüler dürfen nicht beschämt werden, das ist ganz wichtig. Das als Lehrer zu lernen ist schon mal ein wichtiger Schritt, denn wir haben sehr viel Macht und wir können Schüler auf leichte Art und Weise beschämen, ohne dass uns daraus ein Nachteil erwächst. Das ist mal das Erste. Es ist eine wirkliche Innovation, dass Schülerinnen und Schüler das Gefühl haben, sie werden respektiert. Wir müssen erst mal eine respektvolle Lernumgebung schaffen, sonst können sie gar nichts lernen. Sie können nicht lernen, wenn sie das Gefühl haben: ich kann hier jederzeit ausgelacht werden. Das ist die wesentlichste Innovation in Deutschland. Wenn man diese respektvolle Lernumgebung geschaffen hat, schafft man auch kreative Handlungsräume, damit Schülerinnen und Schüler auf je ihrem eigenen Niveau aktiv werden können und dass das anerkannt wird.*

Das ist Mathematik. Messen. Erst mal ein Gefühl für Dimensionen, Relationen und Proportionen bekommen.
Praktische Geometrie beginnt am eigenen Leib.

> Schüler:
> *Seit diesem Sommer bin ich in die Schule gekommen.*
> Was hast du denn vorher gedacht, wie Schule wahrscheinlich sein wird?

Blöd.
Und wie ist es nun in Wirklichkeit?
Schön.

Am meisten erstaunt die Besucher, dass sich die Hingabe hält. Das Auskühlen der Interessen bei den Schülern bleibt aus.

In dieser großen Lernwerkstatt suchen manche Besucher nach richtigem Unterricht. Dann sagt man ihnen: das, genau das, was sie gerade sehen, ist Unterricht. Besucher fragen ungläubig, „und trotzdem so gute Leistungen?" Man antwortet, nein, nicht trotzdem, deswegen so gute Leistungen.

Auch in dieser Schule lernen die Kinder in altersgemischten Gruppen. Das ist das richtige Umfeld für ein Lernen, das so verschlungen und so diskontinuierlich ist wie ein Forschungsprozess oder wie improvisierte Musik.

Aber Freiheit und Selbstregulierung brauchen Gegenpole. An dieser Schule wurden sogenannte Pensenbücher entwickelt, in denen das „Pensum" verzeichnet ist, was Kinder der jeweiligen Stufe wissen und können sollten. Sich selbst zu prüfen, ist allerdings eine andere Welt als für Prüfungen zu pauken.
Das erste Kriterium für eine gelungene Schule ist ein wacher, kritischer Blick der Schüler auf sich selbst und eine gelassene Arbeitsatmosphäre.

Ulrike Kegler:
Früher gab es ja hier noch Regelklassen, das war für uns immer ein unglaublicher Unterschied. Wenn man in einer Regelklasse war, hatte man danach seinen Namen fünfzigmal gehört: Frau Kegler, Frau Kegler, ist das richtig, habe ich das gut gemacht, können sie mal kommen, schauen sie mal hier, Frau Kegler, Frau Kegler, usw.. Wenn sie in einer Klasse sind, die entwickelt ist, hören sie ihren Namen gar nicht mehr, höchstens mal: können sie mal kurz oder kann ich ihnen das zeigen. Die Kommunikationsprozesse finden nicht mehr in dieser simplen Art sondern auf einem viel höheren Niveau statt, weil sie angemessen sind und der Person entsprechend.

Eva Poppe-Rossberg, Lehrerin:
Sie wollten wissen, wie das ist, wenn sie einen Luftballon aufblasen und ob das funktioniert. Dann haben sie gestern wirklich zwei Stunden lang Material zusammengesucht, um den Versuch machen zu können.
Das Interessante dabei ist ja, das die Kinder beobachten, was der andere so macht. Sie wollen es natürlich genau so können. Das hatte die Wirkung, dass sich heute fünf Gruppen gefunden haben, die auch Versuche aufbauen wollen. Die Kinder wollen eigentlich wissen: wie funktioniert das Leben.

Die Sachen werden wichtig. Sie werden geklärt. Und die Menschen werden dabei gestärkt.

Eva Poppe-Rossberg
Sie wollen nicht wissen, wie viel 1 mal 1 ist. Das bringen sie meistens mit, das können sie. Der kleine Daniel, der hier gerade so freudestrahlend kommt und der eigentlich schwer an Arbeit herangeht, hat beobachtet und eine Skizze zu diesem Versuch gemacht und hat dazugeschrieben: von Daniel beobachtet, und er hat ihn gefragt, wann er es noch mal mit ihm machen könne. Die beiden haben sich abgesprochen, so dass sie morgen den Versuch noch mal gemeinsam machen können.
Man speist sie zu häufig ab mit den Sachen, „das erzähle ich dir, wenn du größer bist" oder „wenn du älter bist, dann kannst du das machen" – und dann ist es vorbei, dann hat das Kind kein Interesse mehr daran. Das hat es nur in diesem Moment und in keinem anderen. Morgen hat es schon keinen Sinn mehr. Dann müsste es schon ein Ziel gewesen sein, und so weit sind sie nicht. Sie wollen in diesem Moment wissen, wie es geht. Das ist das, was die Arbeit von Kindern ausmacht. Dann wissen sie: also morgen mache ich wieder was anderes, damit ich das noch genauer weiß. Aber nicht das, was ich als Lehrerin ihnen anbiete, sondern das, was sie von alleine wissen wollen.
Und was ist dann ihre Rolle als Lehrerin?
Alles bereitzustellen, damit die Kinder das machen können.

Aber, werfen Skeptiker ein, verlangt das spätere Leben nicht vor allem Durchsetzungskraft?
Eine High Tech-Firma für Medizintechnik; sie ist Weltmarktführer.

Christoph Miethke, Unternehmer, Vorsitzender des Elternrats:
Ich habe viele Lehrer getroffen, die interessante Sachen gemacht haben. Das sind nette Leute, erfolgreiche Leute, die Spaß am Leben haben. Und die sind ganz merkwürdige Wege gegangen. Ich wolle mit 15 Ingenieur werden und bin es dann endlich geworden, aber mit 18 wollte ich Töpfer werden. Wann hatte ich denn jetzt Recht? Wäre ich heute glücklicher, wenn ich Töpfer geworden wäre? Vielleicht. Also, dieses Sich-einlassen darauf, was man zu einem bestimmten Zeitpunkt erreichen muss, um gut zu leben, wird, je älter die Kinder werden, wie eine Festung vorgeschoben, als ob das irgendwie klar ist – „daran müssen wir jetzt arbeiten" – und ich denke, man muss daran arbeiten – und das sollte Schule nach meinem Verständnis machen – mit einem weiten Blick viele Angebote machen und den Schülern, den Jugendlichen Chancen geben, sich den Dingen zu nähern und nicht das Interesse zu verlieren, sondern Interesse weiterzuentwickeln. Ich glaube, das geht an der Schule in Potsdam viel besser als an den Schulen, die ich kennen gelernt habe.

DVD Kapitel 23

◉ Verschiedenheit anerkennen, Gemeinschaft kultivieren

Ulrike Kegler:
Wir brauchen Kinder und Jugendliche, die in irgendeiner Weise gehandicapt sind, weil wir mit ihnen zusammen sehr viel lernen können. Die bringen in jede Gruppe die natürliche Notwendigkeit zu sehen, dass jeder Mensch wirklich anders ist und unterschiedliche Bedürfnisse hat. Sie machen es sozusagen ganz besonders deutlich.
Wir haben hier einige Schülerinnen und Schüler erlebt, die sozial sehr unterentwickelt waren, die in der Sekundarstufe hierher gekommen sind und die sich an ihren Mitschülern, die beispielsweise im Rollstuhl saßen oder geistig behindert waren, entwickelt haben. Da gab es richtige Prozesse zu beobachten, von Gemeinheiten, beispielsweise den Stecker aus der Wand rausziehen, damit ein Schüler nicht mehr an seinem notwendigen Computer arbeiten kann und nicht weiß, warum das denn nicht mehr geht, bis hin dazu, dass sie auf der Klassenfahrt den Rollstuhl 3 Stunden durch den Sand geschoben haben. Diese Entwicklung haben wir hier erlebt. Wir haben einen Schüler, der nicht sprechen kann und dem auch immer die Spucke aus dem Mund läuft, was für seine Mitschüler oft eine Schwierigkeit ist. In der Klasse haben sich drei oder vier Jugendliche zu wunderbaren Helfern entwickelt.

Verschiedenheit anerkennen und Gemeinschaft kultivieren, das ist die Basis für gutes Leben und für exzellente Leistung.

Die Schule – ein Ort zum Aufwachsen und zum Lernen.
Dass beides nur zusammen geht, wollte die Belehrungsschule nie glauben. Inzwischen klagt sie darüber, dass ihr die Kinder und auch die Lehrer innerlich kündigen.
Tatsächlich erfahren heute die alte Schule in ihrer Krise und die neue Schule in ihrem Aufbruch dass Kinder und Jugendliche nur mitmachen, wenn sie sich in der Schule wohl fühlen, wenn man ihnen nicht mit dem späteren Leben droht und damit ihre Gegenwart angreift.

Die gelungene Schule schafft Gegenwart.
Aus wacher Gegenwart entspringt Zukunft.

Ulrike Kegler:

Wir haben ja hier in unserem Schulversuch eine wissenschaftliche Begleitung und eine erste umfassende Befragung und Untersuchung ist jetzt ausgewertet. Es ist eindeutig, dass am stärksten von diesem System die Starken profitieren und dass es überhaupt nicht stimmt, dass das eine Schule ist, in der die Leistungsschwachen am besten gefördert werden. Im Gegenteil, da müssen wir unsere Bemühungen, zu diagnostizieren und wo deren Probleme liegen und was wir tun können, um ihnen zu helfen, noch verstärken.

Elsbeth Stern:

Es ist eine völlig falsche Vorstellung, dass die begabteren Schüler am besten lernen, wenn sie nur unter ihresgleichen sind. Also diese Vorstellung, dass man möglichst homogene Lerngruppen braucht und dann am besten lernt, die ist einfach nicht richtig. Das ist bei diesem lehrerzentrierten Unterricht, diesem fragendentwickelndem Unterricht ja bei uns die Regel. Da mag das ja vielleicht sogar stimmen, weil da natürlich der Lehrer im Kopf hat: was kann mein Schüler, was muss ich durch die Fragen 'rauslocken. Doch das ist häufig nur auf zwei, drei Schüler der Klasse zugeschnitten. Wenn man aber eher selbständiges Lernen fördert, in stark strukturierten Kontexten allerdings, dann können sich die Schüler erst mal selber über ihr Wissen, über ihr bestehendes und fehlendes Wissen klar werden und können sich das auch erarbeiten.
Schüler, die zu Beginn des Schuljahres z.B. schon Wissen über Bruchrechnen mitbrachten, die standen am Ende des Schuljahres besser da, selbst wenn sie nicht so intelligent waren.
Jeder kann lernen, jeder kann, wenn er sich ein Gebiet erschlossen hat, das offensichtlich so effizient gestalten, dass man dann keine Unterschiede mehr sieht.

Hartmut von Hentig:

Ich habe da eine ganz einfache Didaktik – als wissenschaftlicher Mensch darf man das ja gar nicht so sagen, aber sie genügt mir vollkommen: eine Unterrichtseinheit, Stunde, Woche oder was immer das auch ist, muss ein Erlebnis haben, es muss etwas aufregend sein: ja, das habe ich noch nie gesehen, was ist das. Das zweite ist: nachdenken, wie sich das mit dem, was wir vorher getan haben, vereint, woran das anschließt, also einordnen. Und das dritte ist: einüben, so dass ich auch darüber verfüge. Es ist mir nicht nur zufällig gelungen, sondern jetzt mache ich es mal dreimal, viermal und jetzt kann ich es und dann kann ich morgen das nächste Erlebnis haben, es muss aber bitte sehr jede Einheit dieses haben – und wie viele Stunden sind immer nur Einübung oder sind immer nur Einordnung. Und ebenso falsch sind immer nur Erlebnisse, das ist auch nicht richtig.

DVD Kapitel 24

Sportgesamtschule Friedrich-Ludwig-Jahn, Potsdam ◉ Lust und Leistung

Ein andere Schule in Potsdam. Die Friedrich-Ludwig-Jahn-Schule, ein Leistungszentrum für Sport.
Auch eine ganze Schule, von morgens bis in den Nachmittag, für Kinder und für Jugendliche bis zum Abitur.

Schulen vernachlässigten häufig den Wunsch der Jugendlichen möglichst gut sein zu wollen und an die Grenzen ihrer Fähigkeiten zu gelangen

Sport ist ein Projekt, in dem man aufgehen kann. Mit anderen Arten von Aufgaben und Gelegenheiten zum Engagement tun sich Schulen viel schwerer.
Müssen nicht alle Schulen ein Ort zur Verausgabung für beste Leistungen sein? Ein Ort für Leidenschaften und für Exzellenz?

Schüler:
Hier in der Schule gibt es ja irgend etwas, was uns gemeinsam verbindet und warum wir überhaupt hierher gekommen sind. In normalen Schulen ist es ja meistens so: nach der Schule, da geht jeder für sich nach Hause, macht jeder sein Ding und da ist gar nicht dieses Zusammengehörigkeitsgefühl.

Man muss ja nicht immer gleich Deutscher Meister werden, aber wenn man sich kleinere Ziele gesetzt hat, weil mehr dann nicht drin ist, und die dann erreicht – das ist dann doch auch schon ein Erfolg. Nach einer Belastung werden stellenweise Endorphine freigesetzt, also irgendwelche Glücksgefühle.

Der Sport gibt irgendwo diesen Ansporn, dieses Denken fürs Weitermachen. Ich denke, wenn man sich selbst aufgibt, hat man auch diesen Spaß nicht mehr.

DVD Kapitel 25

◉ Max-Brauer-Schule, Hamburg ◉ Wenn alle verschieden sind

Hamburg. Die letzte Station auf unserer Suche nach der Schule einer Zukunft, die längst begonnen hat.
Hamburg Altona, garantiert nicht die Schokoladenseite des Landes. Zwischen maroden Fabriken und einer sehr gemischten Bevölkerung eine Schule, die sich im Pisa-Test als gut erwies, mit Ergebnissen weit über dem statistischen „Erwartungswert". Etwa ein Jahr Vorsprung holen die Schüler hier bis zum 9. Schuljahr raus. Die Max-Brauer-Schule, ein Haus vieler Nationen.

Schulen in sozialen Brennpunkten sind die Nagelprobe im Umgang mit Unterschieden. Ist es auch in der multikulturellen Schule noch ein Vorteil, verschieden zu sein? Und wie sieht hier ein Unterricht aus, der die Verschiedenheit der Kinder nicht nur als Problem, sondern als Ressource begreift?

In einigen Stunden sind zwei Lehrerinnen in der Klasse. Denn Kinder, die man anderswo zur Sonderschule schickt, bleiben hier in der Gemeinschaft.

Eines jedenfalls ist evident: wenn Kinder in so vieler Hinsicht verschieden sind, dann schlagen die alten Strategien der gleichmäßigen Belehrung fehl. Wenn die Illusion von den gleichen Voraussetzungen einer Altersgruppe oder der jeweils passenden Schulform nicht mehr zu halten ist, werden Individualisierung und Gemeinschaft einfach ein Sachzwang.

Sybille von Katzler, Lehrerin:
Sie arbeiten nicht alle gleichzeitig an den gleichen Dingen und sie arbeiten auch unterschiedlich lange an einzelnen Dingen. Es macht ja überhaupt keinen Sinn, dass ein Kind, das eine bestimmte Rechenart schon kann, stundenlang an diesen Aufgaben rechnet. Dann sagen wir: gestrichen, jetzt machst du die nächste. Andere müssen ganz lange bei einer Rechenart verharren, damit sie die nächste Aufgabe können, und so ist es eben sehr unterschiedlich. Das versuchen wir zu berücksichtigen, indem wir den Kindern unterschiedliche Pläne machen.

DVD KAPITEL 26

◉ Eine Innovation: Das „Chef-System“

Eine Innovation: Jedes Kind ist hier manchmal der Chef.

SCHÜLERIN:
Da sind ganz viele Zettel drin, und auf den Zettel sind Aufgaben drauf. Und die müssen wir dann ganz vielen anderen Kindern erklären.
SCHÜLER:
Ich habe gerade geguckt, ob das richtig ist.
Und wieso hast Du geguckt?
Weil ich der Chef bin.

In jedem Korb liegen 23 Aufgaben, für jedes Kind eine. Und es gibt 23 Körbe. Für jeden Aufgabenkorb ist also ein Kind verantwortlich. Chefs besprechen ihre Sachen mit der Lehrerin. Die anderen gehen erst mal zu Chef oder zu Chefin – was manchmal schwer fällt.

KAIJA KYMÄLÄIEN. LEHRERIN:
Für einige Jungen war es z.B. echt schwierig zu einem Mädchen zu gehen und sich etwas erklären zu lassen und sich vielleicht auch sagen zu lassen, was noch nicht richtig ist. Das fiel einigen Kindern sehr schwer, aber das hat zum Sozialgefüge in der Klasse beigetragen, denn es trägt ja zum gegenseitigen Vertrauen bei. Wenn ich mit meinem Problem zum Chef gehen und fragen muss. „erklärst du mir das bitte, ich hab' das noch nicht verstanden“, dann muss ich mich in dieser Situation bloßstellen und sagen: ich weiß nicht, wie das geht, ich brauche deine Hilfe.

SYBILLE VON KATZLER:
Wir legen beim Arbeiten sehr viel Wert auf Individualität. Jedes Kind geht seinen Weg. Aber wir sind ja auch eine Klassengemeinschaft und es ist deswegen auch ganz wichtig, dass wir schöne Dinge zusammen machen. Durch die Halbtagsgrundschule verbringen wir ja sehr viel mehr Zeit in der Schule, haben also auch die Zeit dazu. Wir hatten das Glück, dass wir noch Räume hatten, die wir ausgestattet haben, und wir versuchen, in diesen Räumen gemeinsam schöne Dinge zu tun.

Das nennt man die Autowaschanlage, ...ist sehr beliebt.

Der Phantasieraum der Max–Brauer-Schule. Ein etwas kultischer Ort zum Erfinden von Geschichten.
Nachdem die Lehrerin ein Thema gestellt hat, sucht sich jedes Kind Anregungen.
Sie suchen sich ihren Ort. Es dauert nicht lange, da hat jeder seine Nische gefunden und bald auch die passende Haltung eingenommen.

Das ist der Grusel- und Gespensterraum.

Wenn die Schule Sicherheit gibt, dann muss sie vom Eigensinn der Kinder keinen Angriff mehr auf ihr Funktionieren befürchten.

Dann kann die lange verdächtigte Individualität als das Gold der Zukunft entdeckt werden.

> SYBILLE VON KATZLER:
> *Die Kinder kommen ja mit unterschiedlichen Voraussetzungen zu uns, und wenn wir mit allen das Gleiche machen würden, wäre das eine absolute Katastrophe. Einige wären restlos überfordert, andere wären restlos unterfordert. Das wollen wir beides nicht, sondern wir wollen aus jedem einzelnen Kind das rausholen, was rauszuholen ist.*
> *Wir legen hier ja schon sehr viel Wert auf Leistung, aber auf eine solche Leistung, die die Kinder auch erfüllen können.*

Der Umbau der deutschen Schule hat begonnen.
An den Fundamenten und in vielen pädagogischen Biotopen.

ARGUMENTE

Navigator

Die Dreifach-DVD „Treibhäuser der Zukunft“ bietet mehr als die filmische Dokumentation. Auf den DVDs werden auch die für die Dokumentation gedrehten Interviews zugänglich gemacht. Sie wurden bereits mit der Absicht aufgenommen, mehr zeigen zu wollen, als es die „O-Töne“ im Film könnten. Dort dürfen sie schon aus Gründen der Dramaturgie nicht zu lang sein. Auch wer die Welt tatsächlich erklären könnte, bekommt nicht viel mehr als 40 Sekunden am Stück. Selbst wenn ein Film wie dieser einen langen Atem hat, ist bei 1'30 spätestens Schluss. Es muss ja weitergehen. Der Film ist schließlich ein Bewegungsmedium. Also wird man auch Hartmut von Hentig und Elsbeth Stern nur wenige über den Film verteilte Minuten einräumen können. Das ist auch für die „Macher“ häufig eine Qual. Da gibt es doch so viele interessante Ideen, die man weiterreichen, zumindest zugänglich machen möchte! Jetzt geht es. Auf der DVD sind die Interviews nur leicht bearbeitet und kaum gekürzt. Die Einteilung in Kapitel ermöglich Übersicht und Auswahl. Man muss sich nicht an die Stellen durchkämpfen, wie es auf Videokassetten unvermeidlich wäre.

Aber auch hier hat nicht alles Platz. Bei 3 DVDs mit 13 Stunden haben wir gesagt: nun reicht es. Das Archiv der Zukunft wird noch viel zeigen und zum genauen Hingucken animieren.

Hier im Booklet sind die wichtigsten Argumente aus den Interviews gesammelt. Sie wurden nach Aspekten neu geordnet. Der Text entspricht also nicht immer dem Ablauf in den Interviews selbst. Die Argumente wurden behutsam aus den Transkriptionen der gesprochenen Sprache in lesbare Schrift gebracht, ohne Ton und Diktion des Gesprochenen anzugreifen.

Die vollständigen Transkriptionen aller Interviews auf DVD findet man im Internet unter www.archiv-der-zukunft.de. In diese Texte sind auch die Kapiteleinteilungen dieser Interviews, wie man sie auf der DVD findet, eingetragen.

Bernhard Bueb
Leiter der Schulen Schloss Salem

Gegen die Übertonung des Akademischen

Ich bin der Meinung, dass die unheilige Allianz von Herkunft und Bildung, die Tatsache, dass gerade die Unterschicht besonders geringe Chancen hat, die höhere Bildung zu erreichen, auch dadurch verursacht ist, dass der emotionale Bereich der Erziehung in unserem Land total vernachlässigt wird. Es wird immer nur das Akademische gesehen. Es wird nicht gesehen, dass ein Kind aus der Unterschicht am Nachmittag eine emotionale Zuwendung des Lehrers, des Erwachsenen braucht, sich aber auch in einem Kontext von Gleichaltrigen befinden muss, die etwas gemeinsam machen. Ich bin überzeugt, dass hier eine der Hauptursachen für unsere Misere ist. Ich meine, einer der Hauptakzente der ganzen Bildungspolitik müsste auf der Einrichtung von Ganztagesschulen liegen.

Für Gemeinschaft und Aktivitäten

Ich bin ein missionarischer Vertreter der Ganztagesschule weil ich glaube, dass eines der Hauptdefizite der Jugendlichen in Deutschland ein Defizit an Gemeinschaft ist. Die meisten Jugendlichen verbringen außerhalb der Schule ihr Leben in Zufallsgemeinschaften und mit Unternehmungen, die oft ziemlich unsinnig sind. Ich glaube einfach daran, dass Gemeinschaft gestaltet werden muss, ob das nun Pfadfinder sind, ob das kirchliche Gruppen sind, ob das ein Internat ist oder auch eine Ganztagesschule. Wobei Ganztagesschule ja nicht heißen darf: den ganz Tag Schule.
Die Jugendlichen werden abgelenkt von den Medien, vom Fernsehen, von diesen ganzen Geschichten, die ihr Leben doch sehr bestimmen und sie zu passiven Empfängern machen. Der Haupteinwand gegen das Fernsehen ist für mich gar nicht so sehr der Inhalt, mit dem werden viele Kinder ja erstaunlich fertig, sondern die Passivität, die es erzeugt, dieses Nur-Entgegennehmen und selbst nichts aktiv gestalten.

Gisela Erler

Viele Jahre Familienforscherin am Deutschen Jugendinstitut. Jetzt Geschäftsführerin von „Familienservice." Dort wir hochwertige Kinderbetreuung vor allem für Unternehmen konzipiert und organisiert

Deutsche Missverständnisse über Schule und Familie

Die deutsche Schule ist aus der Sicht berufstätiger Mütter und ihrer Kinder eine Katastrophe, unabhängig davon, wie unterrichtet wird. Wir haben berufstätige Eltern. Wir haben auch berufstätige Kinder. Beide werden in diesem Land sträflich allein gelassen.
Der Kern ist dieses Missverständnis, dass Erziehung am besten in der Familie geleistet wird. Das war ja ein Gründungsmythos der Bundesrepublik nach dem Nationalsozialismus: Kinder sind in der Familie am besten aufgehoben und es ist auch am besten, wenn die Mütter ihre Kinder beim schulischen Erfolg unterstützen. Die Schule ist dabei nur so ein Anregungsgerüst. Die fundamentalen Dinge müssten zu Hause geleistet werden.
Das deutsche Missverständnis sieht die Rolle der Familie am falschen Ort. Tatsächlich ist die Familie der Ort, an dem Einstellungen eingeübt werden. Sie ist nicht der Vermittler von Bildung. Wenn es gut geht, werden Kinder dort neugierig, kritisch, selbstbewusst und im Sprechen gefördert. Eine gute Familie spricht über alles. Aber der Lernstoff kommt im wesentlichen von außen.

Vorteil der Öffentlichkeit

Wenn Kinder in öffentlichen Einrichtungen sind, wird darauf geachtet, was kann das Kind, wo hat es Schwächen, wo ist es besonders gut. Dieser systematische Blick fehlt in Deutschland. Mütter finden ihre Kinder immer toll, das ist ja auch gut so. Sie haben keinen Maßstab und erkennen Schwächen schlecht. Sie können nicht reagieren - oder die Kinder werden gleich ins Medizinsystem geschickt. Kinder, deren Eltern erwerbstätig sind, haben überhaupt keine unglücklicheren Kindheiten als Kinder mit Eltern, die zu Hause sind. Arme Kinder haben ein Problem. Und Kinder von Eltern, die sich trennen, haben in diesen Phasen ein Problem, aber nicht Kinder erwerbstätiger Eltern. Das ist eine völlig normale Existenzform von Kindern.

Dürre Schule

Aus der Überhöhung der Familie ergibt sich, die Schule als einen Lerntrichter zu sehen. Unsere Schule versteht so wenig davon, wie Kinder lernen und wie sie leben. Am Anfang gehen sie ja alle sehr gerne hin. Sie möchten lernen. Sie sind gespannt. Sie möchten stolz sein, sich zu entwickeln. Dann tritt in diesen Schulen nach ein, zwei Jahren der Effekt ein, dass auch die Kinder ein instrumentelles Verhältnis zur ihr entwickeln: da muss man eben hingehen, geht aber eigentlich nicht gerne hin. Es ist eine deutsche Tragödie, dass die Schule häufig als feindseliger Ort erlebt wird.

Ich glaube, eine gute Schule muss erstmal alle Lebensmodelle der Eltern stützen. Sie ist also nicht nur ein Bildungsort, sondern auch eine Partnerschaft mit der Familie. Die deutsche Schule muss ein sozialer Ort werden, an den Kinder gerne gehen, wo nicht nur Kreativität, sondern auch ihre Körperlichkeit eine Rolle spielt. Kinder leben ja heute nicht auf der Straße, sondern sind in kleine Wohnungen eingesperrt. Deswegen brauchen sie Körperlichkeit, Wettbewerb, Anregung, Stimulation.

Selektion oder Mischung

Deutschland ist das Land der Selektion. Wir sind die besten Mülltrenner, wir trennen die Kinder, wir setzen immer noch aufs Homogenisieren. Wir waren mal das Volk, das Minderheiten physisch eliminiert und unsere geistige Elite verstoßen hat, weil sie etwas Falsches gedacht hat. Wir trennen. Wir haben eine Kultur, die zur Selektion neigt, weil wir glauben, dass es besser funktioniert, wenn alles schön geordnet ist und nichts durcheinandergeht. Ich glaube, die Welt, in die wir wachsen, ist höchst unterschiedlich und es geht darum, diese unterschiedlichen Mixturen in ihrem Reichtum zu erkennen.

Bei uns ist die Zugehörigkeit auf die Familie gerichtet, die Schule ist nur ein externer Ort, der funktional etwas anderes leisten soll. Man soll auch nicht zuviel Zugehörigkeit in so etwas wie die Schule einbringen. Es heißt „du liebst deine Frau," aber nicht deine Schule. Das ist die deutsche Moral. Wenn unsere Schüler in diesem Austauschjahr in viele Ländern gehen, dann kehren sie begeistert zurück, weil sie die Erfahrung mit einem wirklich umfassenden sozialen Ort gemacht haben. Der Wettbewerb verschafft Freude und Spaß, bietet Spiel und Zugehörigkeit.

In Skandinavien ist diese Zugehörigkeit selbstverständlich: Du gehörst zur Schulkasse und zu deiner Familie. Aber in dieser Familie gibt es mit hoher Wahrscheinlichkeit eine erwerbstätige Mutter, die Dienstleistungen als Lehrerin oder als Krankenschwester erbringt. Während bei uns das Bild herrscht: es ist besser, die Dinge selbst zu tun, als Dienst zu leisten. Am besten würde man zu Hause lernen, zu Hause die Kranken pflegen, zu Hause kochen. Bei uns ist das Ideal immer noch das Selbstproduzierte.

Leadership

In Amerika haben sie ja diesen schönen Begriff „Leadership". Das heißt bei uns „Führerschaft". Das ist ganz unmöglich. Aber dort geht es darum, dass Menschen ihr Umfeld gestalten und neue Richtungen wählen. Dieses ist in der Familie gefragt, es wird heute in der Schule wichtig, und es wird in der Arbeitswelt notwendig, dass du nicht mehr nur dasitzt und von irgendjemandem Befehle empfängst, sondern selber überlegen musst: wohin geht es, wie bringe ich mein Produkt an die Frau und an den Mann.

Es geht einfach darum, zu verstehen, dass wir alle vernetzt sind und jeder ganz anders vernetzt ist. Wir sind nicht nur hier in unserer Familie und dort am Arbeitsplatz. Wir sind Teil eines Wissensnetzes. Jedes Kind, die ganze nachwachsende Generation, ist eingefügt in ein sehr kompliziertes Vermittlungssystem von Wissen. Die Schule ist darin der Hauptakteur für Wissen. Wir Eltern sind zuständig für die Steuerung in diesem Prozess, wir sind das Navigationssystem, die Emotionen, der Hintergrund.

Deutschland hat ja sehr stark dieses dichotome System: Hier die Familie und dort die Arbeitswelt oder die Institution, die Schule. Also hier privat und dort öffentlich. Dieses Denken teilen wir eigentlich sehr stark mit Japan. Japan hält auch die Frauen zu Hause, sehr abgeschottet, die erziehen die Kinder auch sehr erfolgreich zu Hause, sind aber sehr getrennt von der Arbeitswelt. Das führt dazu, dass die Gesellschaft starr wird und weniger Kinder bekommt.

Die Familienidylle ist eigentlich zu einer Karikatur geworden, diese Dichotomie zwischen privat und öffentlich ist eine der Krankheiten in Deutschland. Die Schule muss einen neuen Platz finden. Es geht nicht nur darum, wie sie Wissen vermittelt, sondern wie sie ein offener Ort wird.

Peter Fauser

Professor für Erziehungswissenschaft an der Universität Jena

Heterogenität ist der Motor des Lernens

Könnten wir alle Unterschiede beseitigen, hätten wir den Triumph der instrumentellen Vernunft. Dann gäbe es keine Freiheit, weil es keine Wahlmöglichkeiten, keine Differenzbildungen, auch kein Gerechtigkeitsproblem mehr gäbe. Pädagogisch haben wir es noch nicht gut gelernt, diese befreiende Seite der Heterogenität zur Tugend zu machen.

Die Vielfalt der inneren Profile jedes Kindes, seine Eigenart, wäre die intraindividuelle Heterogenität. Das Zweite ist die soziale Heterogenität. Drittens sind die Fächer und auch die Lehrer verschieden. Die Anerkennung und Achtung der Vielfalt erzeugt gegenseitigen Respekt der Menschen, den wir brauchen, und sie schafft gleichzeitig den bleibenden Antrieb für die Auseinandersetzung mit anderen. Insofern ist Heterogenität der wichtigste Motor des Lernens.

Falsches Unterrichten

Üblich ist es ja, dass Lehrer, wenn sie unterrichten, eine Art inneres Tafelbild vor sich haben. Dann geben sie eine Frage in die Klasse und hören, was die Schüler sagen. Antworten, die auf dieses vorher schon konstruierte Bild passen, werden aufgenommen und belohnt. Die anderen werden ignoriert. Das ist natürlich eine sichere Methode, Menschen das Denken abzugewöhnen.

Wir fangen an zu lernen, wenn etwas nicht aufgeht, also erst, wenn die antiseptischen Muster nicht mehr greifen. Dann fangen wir wirklich an zu lernen. Man müsste die Schule eigentlich auf die Sensibilität für Differenzbildungen optimieren.

Verstehen

Verstehen ist ein dynamischer Prozess im Wechselspiel zwischen meiner Erfahrung und den Situationsprototypen, also zwischen meiner Erfahrung und den Begriffen und Prinzipien eines Faches. Diesen Prozess gilt es anzuregen und weiterzutreiben. Das ist etwas ganz Rationales, das geht nicht in Empathie auf. Verstehen ist keine Wärmemetapher, sondern ein rationales Konzept, das die Tiefenschichten meines Denkens mobilisiert und bereichert.

Der Weg der Erkenntnis müsste, wenn er bei den Prinzipien eines Fachs angekommen ist, wieder zur Erfahrung zurückgebogen werden. Die Bildung wird immer besser, je reicher sie an praktischen Kontexten ist. Paul Ricoeur hat das „die zweite Naivität" genannt, also die Fähigkeit, Prinzipien zu sehen, sich aber auf die Praxis einzulassen. In der Vielfalt, die die Gesellschaft und die Kultur uns gibt, gilt es, ihren eigentlichen Reichtum zu erkennen. Aber das ist etwas zutiefst Antiautoritäres, etwas Antiobrigkeitliches, wahrscheinlich etwas ganz Undeutsches.
Die Fähigkeit, das kindliche Denken zu verstehen, ist die wichtigste Voraussetzung für die Lernförderung. Man muss dann gar nicht mehr viel machen, denn Kinder wollen ja ein Ergebnis produzieren. Sie sind geniale Konstrukteure, wenn es um das Erfinden von Lösungsstrategien geht. Sie brauchen nur einen Resonanzkörper, der ihnen sagt: ich verstehe, was du tust und ich kann das anerkennen, denn das ist ein interessanter Weg. Das ist das Minimum; also: Raum für individuelle Förderung.

Verstehen macht glücklich

Ich glaube, dass in Deutschland immer noch zwei Kulturen im Streit liegen: die alte obrigkeitlich-bürokratische, autoritäre, deutsche Tradition aus wilhelminischen Zeiten und die Einsicht, die von der Reformpädagogik zum ersten Mal wie in einer Explosion formuliert worden ist, dass wir eine Schule brauchen, die die Verstehensprozesse der Kinder in den Mittelpunkt stellt, die auf Achtung und Respekt beruht.
Ich behaupte, alle Kinder, alle Lehrer haben einen inneren Kompass, der in die richtige Richtung zeigt. Schlicht gesagt, verstehen macht glücklich. Das sieht man den Kindern an und das sieht man auch den Lehrern an. Und wenn sie darauf vertrauen, haben sie, glaube ich, den pädagogischen Richtungssinn.

Der Anfang

Bildet Gruppen von Lehrern, die miteinander arbeiten könnten und gebt denen die Aufgabe, für ihren Bereich eine neue Schule zu bauen. Das wäre das beste Reformprogramm, das ich mir denken kann
Was ich also als Minimum und als Einstiegskorridor für eine Änderung der Unterrichtskultur ansehen würde, ist, dass Lehrerinnen und Lehrer lernen, den Unterricht, den sie gut können, so zu öffnen, dass Raum und Zeit da ist für die individuelle Förderung. Soviel Platz muss sein. Das kann man, glaube ich, aus jedem Unterrichtsstil entwickeln. Dann kommt es darauf an, dass die individuelle Förderung vor allem darauf ausgerichtet ist, zu verstehen, was die Kinder gerade machen. Also ihnen nicht noch mehr Wissen zu vermitteln, sie nicht zu instruieren, sondern zu verstehen, worüber sie nachdenken.

Das Ziel

Das heißt für die Schule, dass wir von dem Leitbild einer Schule der Belehrung und der Konformisierung zu dem Leitbild einer Schule des Verstehens kommen müssen, in der eine große Achtung für die Modellierungsdynamik jedes einzelnen Menschen besteht, eine Achtung für das, was ihm wichtig ist, was ihn beschäftigt, was ihn quält, was ihn kränkt, was ihn begeistert, und in der wir den Austausch über diese ganz individuellen subjektiven Erlebniswelten kultivieren müssen. Die großen Herausforderungen bestehen sicher darin, Demokratie und individuelle Förderung miteinander zu verbinden.

Renate Hendricks
bis 2004 Vorsitzende des Bundeselternrats

Abschied vom Schlüsselrasseln

So wie ich bisher die Schule erlebt habe, wird sie sich ganz schwer damit tun, sich zu einer Ganztagesschule zu entwickeln, wenn sich nicht grundsätzliche Dinge ändern. Kinder und Jugendliche dürfen sich im Schulgebäude nicht aufhalten, wenn niemand da ist, der ihnen die Türen auf- und abschließt. Offene Schulgebäude gibt es in Deutschland selten. Zumeist wird nach jeder Stunde die Klassentür abgeschlossen. Vor der nächsten Stunde steht ein Pulk vor der Klassentür und wartet darauf, dass ein Lehrer kommt und die Tür aufschließt. Dann stürmen sie in die Klasse. Kein kultivierter Umgang. Es wäre doch eine Selbstverständlichkeit, dass Klassentüren offen stehen. Dass die Räume so gestaltet sind, dass man sich wohlfühlt. Es gibt Reglementierung. Die Schule gibt vor, wann sich Schüler wo aufhalten dürfen.

Ein offener, einladender Raum

Mein Ideal ist, dass Schulen Räume werden, in denen sich die ganze Community trifft, nicht nur Eltern, Schüler und Lehrer, sondern dass sie ein kultureller Mittelpunkt wird. Das würde auch bedeuten, zusätzliches Interesse und Know-how für die Schule zu erschließen. Aber dass Schule ein Ort sein kann, in dem sich Menschen wohlfühlen, ist weder in den Köpfen der Lehrer und Lehrerinnen noch in denen der Schüler und Schülerinnen, und erst recht nicht in denen der Eltern. Wir haben eine Vorstellung von Schule, so wie wir sie selber erlebt haben.
Die Schule muss als Raum verändert werden. Wenn wir das nicht schaffen, wird auch die Ganztagesschule kein Haus des Lernens. Dann werden Kinder in diesen Räumen, in denen sie schon vormittags unfreiwillig sind, am Nachmittag nur zusätzliche Angebote bekommen. Das kann nicht die Ganztagesschule sein, die wir haben wollen. Ich wünsche mir eine Schule, die mir klar macht, dass ich gewollt bin, dass ich mich hier einbringen kann, dass ich hier auch souverän meinen Tagesablauf mitgestalten kann, dass ich die Schule mitgestalten und mich in eine demokratische Gemeinschaft einbringen kann.

Hartmut von Hentig

Professor emeritus für Pädagogik, Gründer der Laborschule Bielefeld

Die Ganztagsschule: Leben und Lernen

Ich habe immer gefunden, dass die Ganztagesschule eine riesige Veränderung, vielleicht der durchgreifendste Reform-Impuls wäre, den wir haben könnten. Wir haben die unsinnige Aufteilung von Belehrung durch Unterricht und Leben. Und für das Zweitgenannte ist die Familie da. Die andere Aufgabe der Schule: „to be a place for kids to grow up in", wird durch die Ganztagsschule ermöglicht und eingefordert. Es geht darum, dass sich das Leben und das Lernen gegenseitig anregen und fordern.
Eine Schule, die auf das Leben vorbereitet, muss die Chancen und Schwierigkeiten des realen Lebens in geeigneten Dosen darbieten. Erst wenig, so dass das Kind nicht gleich von allem überwältigt wird, dass es eben ständig auf Brusthöhe mit den Problemen ist.

Ein Ort zum erwachsen werden

Die Schule kann ganz anders aussehen. Nicht Curriculum neben Curriculum, nicht Fach neben Fach und das Produkt wird am Ende addiert, über die Jahre hinweg, über die Gegenstände hinweg. Das ist so unsinnig. Der Mensch ist anders, er wird nicht zusammengesetzt. Man sieht es ja an unseren Kindern. Sie wollen doch erwachsen werden. Sie wollen doch in die Welt gesetzt werden, die sie für erwachsen halten und sie geben sich riesige Mühe. Aber dann dauert es und dauert es und es hat mit ihnen nichts zu tun. Ihre Probleme bleiben am Rand liegen. Eines Tages kommt die große Unlust über sie.
Ich bin der Meinung, dass die gegenwärtige Schule sowohl die Schüler als auch die Lehrer unterfordert. Das wird nicht erkannt. Die gute Schule fordert viel, gibt aber das Gefühl: ich meistere es. Wenn Lehrer und Schüler auf die Erfüllung des Systems abgerichtet werden, ist das zu wenig. Der Pädagoge hat einen hochkünstlerischen Beruf. Er muss erst mal die Augen aufmachen, das Verhalten des Kindes erkennen. Ob du es richtig gemacht hast oder nicht, das kannst du ihm ansehen. Und wenn du es richtig gemacht hast, kriegst du soviel zurück. Die halbe Stunde, die du länger an der Schule bleibst, oder auch die zwei Stunden von mir aus, die lohnen sich, weil dann

deine Sache tatsächlich zum Ziel kommt und nicht nur zum Ende.

Leistung ist ein Glück

Geht endlich mal auf die uns bekannten und dem Lernen bekömmlichen, gelockerten Bedingungen ein. Gelockert heißt nicht ohne Leistung. Ohne Leistung ist alles langweilig, Leistung zu erfüllen ist ein großes Glück. Die Leistungsforderung muss angemessen sein. Sie muss in dem richtigen Zeitraum mit den richtigen Gegenständen kommen.

Zunächst einmal sollen die Kinder einen Ort haben, der ihnen sagt: das ist wie unser Leben. Das ist unsere Welt. Wir werden hier nicht nur beguckt, betreut und gemacht um eines uns unbekannten, großen Zwecks willen, der ja meist nur „Noten" heißt und „vorankommen": Laufbahn, Laufbahn, Laufbahn.

Wenn man zu Ganztagesschulen übergeht, soll man bitte sehen, wie man aus diesen Fabrikhallen oder Krankenhäusern oder Gefängnissen, wem auch immer sie ähneln, doch so etwas wie ein Stück simulierten Lebens unserer Gesellschaft macht. Es ist nicht die Kopie des Lebens. Es muss die Chancen stärken und die Gefahren deutlich zeigen. Es darf keine Idylle werden, kein Paradies. Aber bitte doch ein bisschen ähnlicher unserem Leben.

Person, Erlebnis und Üben

Das größte Wunder hat sich an den Personen zu vollziehen, an den Lehrenden, die ja durch unsere Lehrerausbildung auf einen schmalen Pfad gesetzt sind. Der Lehrer repräsentiert durch seine Person, wie nützlich und angenehm es ist, die und die Dinge gelernt zu haben, statt dass er sie dem Kind sagt und vorlegt. Das ist doch ein Pfund. Das ist das indirekte Verfahren der Pädagogik. An mir seht ihr dies oder an unserem Gemeinschaftsprojekt seht ihr jenes. Ununterbrochen lernen wir die wichtigen Dinge an unseren Fehlern und an unserem Gelingen und nicht an unserem Hineinmampfen. Ich habe da eine ganz einfache Didaktik: Eine Unterrichtseinheit muss ein Erlebnis haben. Es muss etwas aufregend sein. Es muss Neugier wecken und Anteilnahme. Man muss eingreifen wollen. Das zweite ist: nachdenken, wie sich das mit dem, was wir vorher getan haben, vereint, woran das anschließt: also einordnen. Und das dritte ist: einüben, so dass ich auch darüber verfüge. Es ist mir nicht nur zufällig gelungen. Jetzt mache ich es dreimal, viermal und jetzt kann ich es. Dann kann ich morgen das nächste Erlebnis haben. Es muss aber bitte sehr jede Einheit dieses alles haben. Aber wie viele Stunden sind bei uns immer nur Einübung oder immer nur Einordnung. Und ebenso falsch sind immer nur Erlebnisse.

Lerngelegenheiten schaffen und Schulhöfe aufreißen!

Lerngelegenheiten, das ist eigentlich ein viel zu selten gebrauchter Begriff, der gottlob voraussetzt, dass die Kinder etwas wollen, insbesondere wenn die Gelegenheit zu etwas führt, wenn man die Bedeutung der Sache er-

kennt. Ein Großteil der Nachmittagsveranstaltungen könnte der Art sein, dass man Werkstätten, Gärten, Zoo und Sportgelegenheiten hat.
Erlaubt den Schulen, ihre blöden Schulhöfe aufzureißen. Macht einen vernünftigen Garten daraus. Bepflanzt ihn. Stellt irgendwelche Dinge auf, die zu betätigen sind. So geht's. Räumt Keller und Boden leer und macht Werkstätten draus. Lasst euch von den örtlichen Unternehmern die Ausstattung schenken. Das muss man heute alles lernen. Macht diese Schule zu eurem Gemeindezentrum. Das springt auf die Bürger über. Die haben das Gefühl, unsere Kinder genügen einer Schulpflicht. Es müsste umgekehrt sein: wir haben hier die Geburtsstätte unserer Gemeinde.

Alfred Hinz

Rektor der Bodensee-Schule St. Martin, Friedrichshafen

Jedes Kind ist einmalig

Jedes Kind ist für sich einmalig und existiert nicht noch mal auf der Welt. Da kann ich doch nicht morgens einen Einheitsbrei über die Kinder gießen. Im Grunde läuft es immer auf die gleiche Sache heraus: wie gehen wir mit Heterogenität, mit Unterschieden um. Wie muss ich mit einem Menschen umgehen, von dem ich meine, er hätte eine Würde? Und ein Kind will lernen. Aber viele Lehrer glauben das nicht.

Wir haben in unserer Schule im Grunde keine Schulversager. Wir nehmen jeden so, wie er ist. Wenn einer schwach begabt ist, dann ist er das. Wenn ich den jungen Menschen so annehme, dann kann er sogar die minimale Anlage der Mathematik, die noch in ihm schlummert, rausholen, weil er in seiner Würde ernstgenommen wurde. Wir haben nicht gefragt: was bist du für eine Flasche, sondern: was kann du? Und mir ist nicht ein Kind begegnet, das nicht irgendwas kann.

Wir unterrichten Kinder, keine Fächer, das ist doch das einfachste, das kapiert doch eigentlich jeder. Und dann muss man fragen: was ist so ein Kind? Was ist so ein junger Mensch? Das sind doch einfache Fragen. Und dann: ran, Schule verändern.

Eine andere Schule

Wenn man eine Ganztagsschule so aufbaut, dass sie eine verlängerte Halbtagsschule ist – bloß die Finger davon lassen. Das wäre furchtbar. Die Kinder dann lieber unbeaufsichtigt auf der Straße lassen. Im Grunde müsste sich auch die Halbtagsschule ändern, das ist ja klar, aber die Ganztagesschule bewirkt, dass man über den gesamten Unterricht neu nachdenkt. Das halte ich für das Wichtigste.

Es ist ganz wichtig, dass die Dinge, die wir machen, bis zu Ende gedacht sind. Nicht: mal so ein bisschen anfangen, sondern: wenn, dann richtig los. Das haben wir getan und seitdem geht es uns sehr gut. Uns geht es wirklich gut. Einmal den Kindern, und wenn es den Kindern gut geht, geht es den Lehrern gut und umgekehrt. Andere Pädagogik braucht schlichtweg mehr Stunden und einen anderen Rhythmus, als wir den sonst von der Halbtagsschule kennen.

Maria Montessori hat uns natürlich sehr geholfen, ihre „vorbereitete Umgebung". Sie sagt, bitte stellt nur die Schlüssel zur Welt in die Regale. Und ich muss die Frage beantworten: ist mein Material, was ich gerade hinstelle, ein Schlüssel zur Welt oder nicht? Und wenn sich herausstellt, es ist kein Schlüssel, dann weg damit.
Wir haben die Fächer im Grunde abgeschafft. Nur die fachlichen Zugänge haben wir nicht abgeschafft. Das sind uralte pädagogische Überlegungen. Zum Beispiel, vier bis sechs Wochen täglich an einem Stück zu arbeiten. Nur dann fällt es richtig tief in die Seele des Kindes hinein. Alles andere kann sich doch gar nicht verwurzeln. Der meiste Unterricht, der im Wechsel mit Kollegen fünfundvierzig Minuten abläuft, kann bei aller Mühe, diese Wirkung gar nicht haben, nicht beim besten Lehrer, nicht bei der besten Vorbereitung. Er vergeudet seine Ressourcen, so scharf würde ich es formulieren.

Lehrer, die lernen

Ich glaube, das Problem sind schon die Lehrer, ohne eine Nestbeschmutzung machen zu wollen. Man muss es natürlich wollen und es gibt Rahmenbedingungen, die mies sind, da nehme ich alle anderen Kollegen in Schutz, die unter ganz anderen Bedingungen arbeiten müssen. Und dennoch muss man auch als Lehrer irgendwann sagen: jetzt wollen wir etwas ändern und das geht ans Eingemachte und da muss man heilige Kühe schlachten.
Der Lehrer, der lernt, ist der beste Lehrer, und wenn er seinen Schülern sagt: also ich habe von Physik ähnlich wenig Ahnung wie ihr, sollen wir uns mal ranwagen? Ja, was ist das für eine Situation, hervorragend, und die Kinder merken: der lebt, das ist ein Mensch, der hat Stärken und Schwächen.
Alle Besucher sind immer ganz begeistert und loben uns. Und dann denke ich oft: Warum macht ihr das nicht auch? Warum fangt ihr nicht einfach an? Da muss es eine Urangst in den Menschen geben. Vielleicht, weil sie Macht verlieren. Ich glaube, das ist es. Machtverlust ist für den normalen Lehrer tödlich. Vielleicht ist das rudimentär in uns drin. Aber man muss die Macht abgeben.

Einheit und Heterogenität

Ausgehend von unserem Menschenbild müsste man eine Einheitsschule machen. Nicht eine Gesamtschule, wie sie jetzt läuft, sondern eine Einheitsschule, über die müsste man reden. Das wäre die Schule für die Demokraten. Die brauchen wir. Das bedeutet ja nicht, dass man die Individualisierung unterlässt. Im Gegenteil. Es ist ein Reichtum, unterschiedliche Intelligenzen, unterschiedliche Anlagen zu haben. Der Umgang mit Heterogenität, das ist das Problem von deutschen Schulen. Von daher müssten alle im Interesse der Würde des Kindes einheitlich behandelt werden. Da sind dann alle, der ganz schwach Begabte wie auch der ganz stark Begabte, gleich wertvoll.

Jürgen Hogeforster

langjähriger Hauptgeschäftsführer der Handwerkskammer Hamburg

Heimatlos im gegliederten Schulsystem

In unserem dreigliedrigen System bekommen viele Schüler zu hören: Du gehörst hier eigentlich gar nicht her. Sie sind dann eigentlich nirgends zuhause, sind heimatlos. Und heimatlos bedeutet wurzellos, nicht mehr geerdet, nicht mehr mit dem täglichen Leben verbunden. Dann kriegen sie zu hören: wir können dich nicht gebrauchen. Dieses Nicht-gebraucht-werden bedeutet ja: du bist nutzlos geworden. Was bedeutet das für ein Leben? Deswegen meine ich, ist es besser, die Jugendlichen nicht so früh aufzuteilen, sondern die Gruppen sehr lange zusammen zu lassen und das „Voneinander-lernen", das „Miteinander-lernen" zu lernen. Ich behaupte auch, dass in solchen Gruppen ohne Aufteilung mehr individuelle Förderung möglich ist. Wenn der etwas Begabtere anderen hilft, dann wird ja der Schüler zum Lehrer und ich glaube, wer wirklich lernen will, der muss lehren, denn über das Lehren findet Lernen statt.

Die Wirtschaft braucht nicht viele Hilfsarbeiter

Vor zwanzig Jahren hatten wir 10 bis 15 Prozent Jugendliche, die nach dem Schulabschluss nicht auf Anhieb eine Ausbildung durchlaufen konnten. Die sind dann andere Wege gegangen, wurden angelernte Hilfsarbeiter, haben aber vielfach dann nach fünf, sechs Jahren ihre Gesellenprüfung nachgemacht. Solche Stellen sind aber wegrationalisiert worden, weil wir durch die hohen Arbeitskosten einen solchen Produktivitätszwang ausgelöst haben, durch den die Menschen einen bestimmten Umsatz bringen müssen, und wenn sie den nicht mehr bringen, sind die Arbeitsplätze weg.

Für eine andere Pädagogik

Die Art, wie wir lernen, stimmt nicht mehr. Wir brauchen eine Pädagogik, die wieder Leben als Erlebnis sieht. Begreifen kommt auch von Greifen. Damit meine ich jetzt nicht diese künstlich geschaffenen Praktika. Wir müssen Bildung auch als ein Spiel, das Freude macht, die begeistert und etwas Neues erleben lässt, betrachten. Wir haben diese Freude- und Spielfunktion aus dem Bildungssystem rausgenommen.
Ich finde, Schule müsste sehr viel Neugierde auf das spätere Leben machen,

das Interesse, immer etwas Neues dazu zu lernen. Sie müsste Freude am Lernen vermitteln, die nicht aufhört, wenn ich die Schule verlasse. Sie muss während der ganzen Schulzeit Toleranz erlebbar machen und lehren, die Verschiedenheit der Menschen zu achten. Sie müsste Liebe vermitteln. Ich halte Liebe für eine unwahrscheinliche Produktivkraft. Man müsste sicherstellen, dass Kinder Liebe und Zuneigung erfahren, die sie weitergeben können. Das wären für mich viel, viel wichtigere Eigenschaften als die, alles rational zu können.

Offene Zukunft

Eigentlich müssten Lehrer das Ziel haben, die Kinder so auszubilden, dass sie in ihrem Leben etwas herausfinden, von dem der Lehrer noch gar keine Ahnung hat. Das Leben ist so bunt und so vielfältig, ich kann den Jugendlichen nicht auf zwanzig Jahre im Voraus entwickeln. Wichtig ist, sie offen zu machen, dass sie innerlich starke Menschen werden, die in sich ruhen, so dass sie mit Herausforderungen fertig werden und sagen können: Mensch, wie interessant, ich gehe der Sache nach und lerne etwas Neues, von dem der Lehrer überhaupt noch gar nichts wusste.

Zu glauben, die Zukunft, das Leben sei planbar, finde ich das Allerschrecklichste. Ich kann doch nicht heute schon sagen, was ich in achtzehn Jahren alles brauche. So funktioniert Leben nicht. Es ist für mich ein Prozess des Wachsens und des Entwickelns. Dazu brauche ich Kräfte und Nahrung. Das kann ich nicht in Inputgrößen aufteilen. Ich halte es für völlig verkehrt, auf eine bestimmte Richtung hin auszubilden.

Gisela John
Schulleiterin der Jenaplan-Schule, Jena

Lob des Einfachen

Im Grunde genommen ist es so einfach, so schlicht, wie man Schule machen kann und man kann dabei so unendlich viel bewirken. Das Einfache wird viel zu wenig publik gemacht. Eigentlich wird Schule immer noch ganz kompliziert gedacht.

Das Einfachste ist, dass man Kindern das Gefühl gibt, dass sie angenommen sind, dass sie wichtig sind, dass sie nicht gedemütigt werden, dass sie nicht in Schubläden gepackt werden, dass sie nicht sortiert werden, nicht nach ausgeklügelten Methoden in Leistungsgruppen separiert werden, sondern dass man einfach zulässt, dass jeder etwas besonders gut kann und sich das zunutze macht. Das bringt eigentlich auch dieses Überraschende, dass man immer wieder staunen kann über das, was entsteht.

Schulleiterin

Meine Haupttätigkeit als Schulleiterin besteht darin, dass ich selber mit Kindern arbeite und sehr viel Unterricht gebe. Ich habe auch selber eine eigene Klasse, weil ich finde, das Schöne hier an der Schule ist für mich, dass ich selber probieren kann, wie weit man in der Pädagogik gehen kann. Ich habe in dieser Schule den Freiraum, selber auszuprobieren und darüber mit den Lehrerinnen und Lehrern gemeinsam nachdenken zu können. Ich denke, das kann ich nur, wenn ich mittendrin im Unterricht bin und mittendrin im Schulgeschehen stehe.

Dass ich die Kapazität habe, das erreiche ich dadurch, dass ich Verantwortung abgebe. Also nicht nur Aufgaben abgeben, sondern auch Verantwortung. Und zwar bis zum Schluss. So dass derjenige, dem man sie dann übertragen hat, auch die Früchte dafür ernten kann.

Als Schulleiter muss man den anderen den Rücken frei halten. Man hat eine Zwischenstellung zwischen den Institutionen, die zum Schulalltag gehören, und der Schule. Da muss man Unnützes fern halten und für Ruhe sorgen. Und wo sich Dinge selbst regulieren können, vielleicht auch dazu Mut machen und bestätigen. Es ist mir immer zu blöd, zu loben. Lieber freue ich mich mit den anderen gemeinsam über Erreichtes. Also, lieber gucken, wie diese Geschäftigkeit sich eigentlich selbst organisiert, so gut

selbst funktioniert, das finde ich viel aufregender.
Was draus machen!
Wir haben niemals danach geschaut, dass erst mal alles an den äußeren Dingen drum herum stimmen muss. Wir haben es immer so genommen, wie es kam, und haben dann was daraus gemacht. Wir haben nicht gewartet, bis irgendjemand irgendetwas für uns gemacht hat und geglaubt, dann erst könnten wir eigentlich loslegen. Es ist eher anders herum gewesen.

Ulrike Kegler
Schulleiterin der Montessori-Gesamtschule Potsdam

Heterogenität
Wir brauchen Kinder und Jugendliche, die in irgendeiner Weise gehandicapt sind, weil wir zusammen sehr viel lernen können. Die bringen in jede Gruppe die natürliche Notwendigkeit zu sehen, dass jeder Mensch wirklich anders ist und unterschiedliche Bedürfnisse hat. Das ist etwas, was die Persönlichkeit verändert.
Die Heterogenität ist doch ein Fakt! Und wenn man denkt, dass Gruppen, ganz gleich wie sie auch immer zusammengesetzt sind, homogen seien, dann lügt man sich etwas in die Tasche. Auch eine Gruppe, die vom Leistungsniveau her angeblich gleich ist, besteht aus unglaublich vielen Persönlichkeiten, die ganz unterschiedliche Wahrnehmungen haben. Heterogenität ist eigentlich nichts Besonderes, sondern das Gegebene in jeder Gruppe.
Das Gute an Heterogenität ist, dass man permanent etwas anderes sieht. Wie nehmen andere das Leben wahr? Wie arbeiten, denken, fühlen, handeln sie? Wie bewegen sie sich? Wie sie aussehen, wachsen, stehen bleiben? Man sieht größere Spannbreiten. Damit ist man dem Leben einfach näher.

Fehler und Erneuerung
Ich glaube, eine große Stärke dieser Schule, vielleicht überhaupt von innovativen Systemen ist, dass sie mit Fehlern recht offen umgeht. Wir evaluieren uns. Wir sagen, warum dieses und jenes nicht gelungen ist und sagen nicht: na ja, das ist kein Problem, das geht schon. Das ist etwas, das sehr erleichtert und den Stresshaushalt entlastet. Man ist hier nicht alleine tätig und man hat die Möglichkeit, kreativ zu sein. Das macht glücklich, das schüttet Glückshormone aus.
Schule hat erst dann richtig Spaß gemacht, als Kinder oder Jugendliche alleine etwas machen konnten, individuell arbeiten konnten. In dieser Abgrenzung ist auch diese Schule entstanden, weil hier eine Methode praktiziert wird, die davon ausgeht, dass niemals alle auf dem gleichen Stand sind. Das ist einfach eine Illusion. Die Methode muss dieser Tatsache Rechnung tragen. Sie muss Kindern und Jugendlichen die Möglichkeit bieten,

ihren individuellen Fähigkeiten entsprechend auch unterschiedliche Sachen machen zu können.

Respekt

Es ist eine wirkliche Innovation, dass Schüler das Gefühl haben, sie werden respektiert. Wir müssen erst mal eine respektvolle Lernumgebung schaffen, sonst können sie gar nichts lernen. Sie können nichts lernen, wenn sie das Gefühl haben: ich kann hier jederzeit ausgelacht werden. Das ist die wesentlichste Innovation in Deutschland. Das als Lehrer zu lernen ist schon mal ein wichtiger Schritt, denn wir haben sehr viel Macht und wir können Schüler auf leichte Art und Weise beschämen, ohne dass uns daraus ein Nachteil erwächst.
Ein Maßstab ist: haben Kinder und Jugendliche gelernt, sich respektvoll Hilfe zu holen und sich selber auf den Weg zu machen. Nicht durch die Klasse zu brüllen und darauf zu warten, dass die Lehrerin von einem zum anderen geht. Statt dessen stehen sie auf, ganz leise und holen sich, ohne die anderen zu stören, Hilfe. Das ist etwas, was geradezu metaphorisch auf das ganze Leben übertragen werden kann.
Was ich zutiefst kritisiere, sind diese respektlosen Formen der Kommunikation, diese respektlosen Sitzordnungen, diese respektlosen Anweisungen, die einfach nur ausgeführt werden müssen. Wenn keine respektvolle Situation in der Klasse geschaffen ist, kann man nichts lernen. Davon bin ich mittlerweile überzeugt.

Jürgen Kluge
Chef von McKinsey in Deutschland

Selbstverantwortung

Aus meiner Sicht fehlt noch ein Bewusstsein, dass wir uns diesen Skandal mit unserem Bildungswesen als Gesellschaft einfach nicht leisten können. Es sind nicht die gleichförmigen „Kadetten“ für die Wirtschaft, die gefordert sind, sondern es sind flexible, sich auf die rapiden Veränderungen einstellende Mitarbeiter, die aus eigener Motivation die höchstmögliche Leistung bringen.

Wir brauchen in den einzelnen Schulen sehr viel mehr Selbstverantwortung nach dem Modell der kleinen Verantwortungsbereiche in der Industrie, also Leistungszentren. Der Schulleiter soll die Verantwortung haben. Wir brauchen aber gleichzeitig eisenharte Qualitätsstandards, die auch überregional, bundesweit, am liebsten europaweit gemessen werden. Also Verantwortung so dezentral wie möglich. Starke Richtlinien, aber nur ein paar wenige, die die Standards setzen. Das ist ein Erfolgsmuster.

Schule als Investition und als Freude

Eigentlich möchte man doch die Schule als einen Ort haben, wo Kinder und Jugendliche gerne hingehen, wo sie gerne ihre Zeit verbringen, wo sie eher traurig sind, wenn die mal zu ist. Ich glaube, das ist auch der Paradigmenwechsel, den wir erzielen müssen: wir müssen die Schule wieder zu einem Ort machen, zu dem man gerne hingeht.

Jeder Euro, den wir investieren, zahlt sich – und da gibt es Studien in der Schweiz, in den USA, in anderen Ländern – zahlt sich volkswirtschaftlich sehr wahrscheinlich mit mindestens drei, vier Euro langfristig aus: weniger Arbeitlose, weniger Jugendkriminalität, weniger Belastung des Sozialsystems.

Das abgespeckte Angebot an Bildung, das wir heute an vielen Stellen haben, führt eben genau nicht zu der Begeisterung und zu der Haltung, dass ich Schule als meine Investition sehe, als Investition in meine eigenen Zukunft, die Eltern es als Investition in die Zukunft ihrer Kinder sehen und wir als Gesellschaft es als praktisch die einzig wirklich fundamentale wirkungsvolle Investition in unsere gemeinsame Zukunft sehen. Bei unserer

alternden Gesellschaft: wer soll es denn später zahlen, wenn nicht Menschen, die mit kreativen Ideen hohe Wertschöpfung leisten?
Wir müssen ein modernes System schaffen, das Spitzenleistungen weltweit generiert. Wo wir weltweit wieder die Deutungshoheit über eines der wichtigsten Felder haben. Das würde uns gut anstehen.

Jean-Pol Martin

**Professor für die Didaktik der französischen Sprache an der katholischen Universität Eichstätt und Lehrer am Willibald Gymnasium
Begründer von LDL, Lernen durch Lehren**

Über sich hinauswachsen

Jeder hat das Bedürfnis, über sich hinauszuwachsen und eine Aufgabe zu erfüllen, die über einen hinausreicht. Ich knüpfe an dieses Bedürfnis an. Ich sage: wir wollen unsere Situation und die Situation der anderen Menschen verbessern. Ich weiß, das ist ein hochtrabendes Ziel, aber warum nicht, das macht Spaß. Und das ist der Punkt: die Welt zu verbessern, verursacht unglaublich viele Kicks, wenn man das nicht zu verbissen nimmt.
Praktisch sind die Schüler meine Mitarbeiter; das ganze ist wie ein Unternehmen. Du musst dich um deine Leute kümmern. Du musst dich nicht einfach nur hineinversetzen, du musst auch deren Perspektiven einnehmen, du musst sie auch kontinuierlich beobachten, ihre Entwicklung beobachten, mit ihnen diskutieren, sie sich selbst evaluieren lassen.

Wir unterschätzen die Schüler

Lehrer oder überhaupt Menschen haben zu wenig Phantasie. Sie können sich überhaupt nicht vorstellen, was in den Köpfen anderer passiert. Man ist so schon genug mit sich beschäftigt, dass man nicht genug Energie hat oder gar nicht auf die Idee kommt, wissen zu wollen, was in den Köpfen anderer passiert. Deshalb unterschätzt man die Schüler. Wir unterschätzen einfach die Schüler. Nicht nur ein bisschen, sondern wirklich skandalös, und das ist schlimm, das ist wirklich schlimm.
Unterrichten heißt Inkohärenzen, Widersprüche entstehen lassen, damit sie geklärt werden. Warum? Weil Menschen nur dann kommunizieren und zusammen reden, wenn etwas nicht klar ist. Mein Unterricht schafft Unklarheiten und der traditionelle Unterricht versucht immer, Klarheiten zu schaffen, was auch nicht ganz falsch ist, weil wir beides brauchen. Wir brauchen Unklarheit, damit wir dazu angeregt werden, darüber nachzudenken, wie wir aus dieser Unklarheit Klarheit schaffen. Aber immer: exploratives Verhalten! Immer neue Sachen angehen, auch wenn man ein bisschen Angst davor hat.

Ankerkennung und Selbstverwirklichung

Darum versuche ich meinen Unterricht so zu gestalten, dass sich die Schüler in ein soziales Gebilde eingefügt fühlen. Der nächste Schritt ist Sicherheit, was natürlich die ganze Notenproblematik berührt. Ich gebe keine Noten. Wenn ich Noten gebe, dann induziere ich Angst. Nächster Schritt: soziale Anerkennung. Ich gestalte meinen Unterricht so, dass die positiven Eigenschaften der Schüler so weit sichtbar werden, dass sie automatisch von den anderen einen Teil Anerkennung bekommen. Das muss man vorher freischaufeln, denn wenn ein Schüler sehr viel weiß, aber sehr introvertiert ist, wie sollen die anderen sehen, was er alles in sich hat? Man muss für die Schüler eine Bühne schaffen und nicht nur das. Man muss auf der Bühne stehend den Schülern helfen, sich so zu präsentieren, dass sie geliebt werden. Das ist die Stufe soziale Anerkennung. Dann kommt die Selbstverwirklichung. Ich muss wissen, was der Mensch kann, ich muss wissen, was in ihm steckt, damit ich ihm die Möglichkeit geben kann, seine Fähigkeiten auszuleben.

Jeder will sich entfalten, braucht also Selbstverwirklichung. Wie ein Wünschelrutengeher muss ich das spüren, ich muss ihnen die Möglichkeit geben, sich zu entfalten. Oft wissen die Menschen gar nicht, welche Fähigkeiten sie haben. Also muss ich ein Feld geben, damit er merkt: Mensch, das kann ich doch.

Jürgen Oelkers
Professor für Allgemeine Pädagogik an der Universität Zürich

Bildung ist Wechselwirkung

Wenn etwas die deutsche Schule von der anderer Ländern unterscheidet, dann ist es eine starke Verwaltung, die sehr viel tut, ohne sehr viel zu erreichen. Sehr paradox. Das ist etwas, das es so im Ausland nicht gibt. Wir haben die stärkste Verwaltung und die eigenwilligste Bildungsidee. Aber es doch interessant, dass man, wenn man dann etwas sachlicher in Deutschland über die Schule spricht, sehr schnell bei der Stoffvermittlung ist. Man sieht sie nicht als einen Ort, wo sich Menschen in einem Diskurs, im Zusammensein entwickeln, also etwas entwickeln, was im Grunde zwischen ihnen ist und nicht nur etwas, was in ihnen ist.

Demokratietheoretisch ist Bildung immer Wechselwirkung, nicht Einwirkung. In der deutschen Schule wird immer an Einwirkung gedacht. Man übersetzt Schule als Stoffvermittlung, was Defizite voraussetzt. Die Schüler sind immer in irgendeiner Hinsicht defizitär, während man sie doch von ihren Potentialen her betrachten muss. Das ist übrigens auch der Grund, warum es in den besten Pisa-Ländern selektionsfreie Gesamtschulen gibt, weil Bildung als Bürgerrecht verstanden wird, als Vorbereitung der Bürger auf die Demokratie.

Die aktive Schule

Die aktive Schule ist nicht einfach eine Ganztagsschule. Ganztagsschulen sind Anpassungen an die heutigen Lebensweisen von Eltern. Da beide Eltern arbeiten, muss irgend jemand für die Kinder da sein und aufpassen oder die Kinder beschäftigen. Ganztagsschulen sind alleine keine Lösung. Ganztagsschulen verschieben einfach nur einen Halbtagsunterricht auf einen Ganztagsunterricht, nein, da muss man schon sehr viel weiter gehen.

Sie können doch nicht schon Kinder von zwei, drei Jahren einem Medienkonsum mit ganz schnellen Bildern aussetzen und dann glauben, die Mehrzahl kann dann stillsitzen. Deren physiologische Grunderfahrung ist Tempo und nicht Stillsitzen. Dass Schulen dann Schwierigkeiten haben, die Kinder primär zu sozialisieren, ist völlig klar. Deswegen sind die Schulstunden, wie sie üblicherweise ablaufen, langweilig. Auf die neuen Medienkindheiten, auf Konsumkindheiten sind die Schulen überhaupt nicht vorbereitet.

Schule: Erfahrungsraum

Ich meine, die Schule soll sich von der Anstaltsförmigkeit trennen. Schulen sind öffentliche Erfahrungsräume. Das verlangt einfach etwas anderes als eine Stundentafel, die die Zeit exakt so verteilt, dass bestimmte Fächer Vorteile und andere Nachteile haben. Bildungserlebnisse sind ganz unterschiedlich und man kann sie nicht einfach durch Unterricht verordnen. Man muss sie nahe anbieten, dass die Schüler die Wahl haben, das zu wählen, was ihnen nahe kommt. Während wir verordnen. Wissen ist nicht Schulwissen. Sehr vieles an dem, was wir in Lehrmitteln an Schulwissen tradieren, ist wahrscheinlich schlicht überflüssig.
Also es geht vor allem nicht an, dass wir Lehrmittelwissen für Prüfungen reproduzieren. Das ist absolut nicht nachhaltig. Es geht darum, dass wir das in Lehrmitteln repräsentierte Wissen nachvollziehen und als Problem verstehen. Das geschieht in deutschen Schulen zu wenig. Wir haben Unterrichtslektionen und Lehrmittelschulen.

Wissensgesellschaft

Wenn wir von Wissensgesellschaft reden, dann können wir doch nicht sagen, wir bereiten die Schüler auf die Wissensgesellschaft vor, nur weil sie Schulfächer lernen. Wir müssen sie auf das know how und auf das Management von know how vorbereiten. Die Firmen, die tatsächlich an der Wissensgesellschaft teilnehmen, funktionieren völlig anders, die funktionieren eben in Teams, die funktionieren im Blick auf schnelle Zugriffe und sie funktionieren bezogen auf das, was man „problemlösend" nennt. Die Basis-Lerntheorie des 21. Jahrhundert ist „problemlösend" und im Blick auf zu lösende Probleme braucht man Wissen und Kompetenzen. Während Schulen so tun, als hätten sie neun Jahre lang Zeit, Wissensstrukturen künstlich aufzubauen.
Die Art und Weise, wie Leistungen beurteilt werden, sind immer Lehrerbeurteilungen im Blick auf Schüler, die die Beurteilung entgegennehmen. Entscheidend ist das Lehrerurteil. Und dieses Lehrerurteil ist kein Feedback, das aufbauend ist, sondern es ist wirklich ein Urteil. Feedback ist wahrscheinlich auch der Schlüssel zur Veränderung. Feedback heißt, es gibt nicht mehr aktive und passive Teilnehmer, sondern beide Seiten sind aktiv, nur in verschiedenen Rollen. Die Schüler müssen Feedback entgegen nehmen und sie müssen selber auch Feedback geben.

Entwicklung und Zukunft sind offen

Entwicklung ist grundlegend und Entwicklung heißt nicht „zielbezogen" sondern „veränderungsfähig". Wir können nicht davon ausgehen, dass wir heute Ziele haben, die wir in zehn Jahren erreichen, weil die Erfahrung dazwischen uns ständig korrigiert. Zukunft ist das, was wir nicht kennen und auch nicht einfach herstellen. Es ist nicht so, dass wir heute Entscheidun-

Jeanne Rubner
Bildungspolitische Redakteurin der Süddeutschen Zeitung

Lebensraum und Gemeinschaftszeit

Der wichtigste Grund für die Ganztagsschule ist für mich, dass die Ganztagsschule mehr Zeit für die Kinder hat. Kinder haben dort mehr Zeit zum Lernen. Sie haben auch mehr Zeit für das Leben in einer Gemeinschaft. Kinder wachsen oft sehr vereinsamt auf. Sie brauchen einen Lebensraum, der ihnen entspricht. Sie brauchen Kinder um sich herum. Sie brauchen auch andere Erwachsene als nur die Eltern. Dieser Lebensraum darf nicht Punkt zwölf oder Punkt eins aufhören. Wenn Kinder mehr Zeit fürs Lernen haben, dann sind einfach auch die Ergebnisse besser.

Das Problem in Deutschland ist, dass wir diese Trennung von Bildung und Erziehung haben. Wir sagen, es gibt Dinge, die müssen wir lernen, und dafür haben wir die Lehrer und die Schule. Und dann haben wir alles andere, also die Erziehung: wie vermittele ich Werte; was mache ich in meiner Freizeit. Das ist dann die Sache der Eltern. Das ist bei uns so zementiert. Das ist ja sogar im Grundgesetz festgeschrieben, dass Erziehung primär Sache der Eltern ist. Dagegen habe ich nichts. Aber es wird ja bei uns so ausgelegt, als wäre das nur Sache der Eltern.

Abschied vom Muttermythos

Auch in Deutschland hat sich mittlerweile die Erkenntnis durchgesetzt, dass Mütter vielleicht nicht die einzigen Menschen sind, die Kinder erziehen können. Es gibt andere, qualifizierte, ausgebildete Menschen, die unsere Kinder erziehen können. Wenn wir uns endlich von diesem Mutterbild lösen könnten, hätten wir die große Schwelle genommen. Dann können wir auch über Ganztagsschulen und über Horte reden, ohne diesen ideologischen Nachgeschmack, der ja bei uns immer dabei ist.

Wir Deutsche haben Angst, unsere Kinder könnten irgendwo anders erzogen werden, wo sie doch angeblich nur im Elternhaus und vorrangig von der Mutter erzogen werden können. Nur die macht es richtig. Wir haben diese Mutterideologie. Wir glauben, wir müssten unsere Kinder solange wie möglich schützen. Auch solange wie möglich von der Schule fernhalten. Damit verstärken wir dieses Bild, dass die Schule etwas Unangenehmes ist, so ein unwirtlicher Ort.

Andreas Schleicher

Internationaler Pisa-Koordinator, OECD Paris
(Organisation für wirtschaftliche Zusammenarbeit und Entwicklung)

Das Humankapital

Eines kann man mit Sicherheit sagen, dass die Bedeutung von Bildung, wir sagen dazu Humankapital, heute die gleiche Größenordnung erreicht wie andere Produktionsfaktoren, z.B. Kapitalinvestition oder Arbeitsmarktbeteiligung.
Schauen sie auf die Haushaltsrechnungen in Deutschland, auch in vielen anderen Staaten. Bildung steht auf der Seite von Konsumgütern. Sie wird als eine Ausgabe behandelt. Da wird dann gesagt: ja, wir müssen uns irgendwo noch mit Bildung beschäftigen, da geht aber so viel Geld bei drauf. Ich denke, die entscheidende Frage ist: was sind die Erträge dieser Investition. Wenn man das genauer untersucht, dann zeigt sich, dass Bildung heute der zentrale Investitionsfaktor ist. Sie ist der Faktor, mit dem wir entscheidend zum Fortschritt unserer Gesellschaft beitragen können und es auch müssen.

Heute kommt es darauf an, wie gut wir miteinander lernen und miteinander arbeiten können. Die interpersonellen Kompetenzen gehen viel weiter als die einfache Kommunikation. Es reicht heute nicht mehr, die Leute mit Lernen zu füttern, wenn sie dann nicht motiviert sind. Die Frage ist, wie können wir Menschen mit der Motivation und der Fähigkeit ausstatten, sich selber ihren eigenen Lern- und Lebensweg zu gestalten, also autonom zu handeln. Das zeichnet die Wissensgesellschaft aus. Das wird über die Zukunftsfähigkeit entscheiden und das ist auch gut so.

Deutschland: entweder – oder

Wir stellen in Deutschland junge Menschen vor die Entscheidung, entweder macht ihr eine Berufsausbildung oder ein Hochschulstudium. Wir überlegen nicht, wie man beides verknüpfen kann, wie man Bildungswege offen gestalten kann. Kein anderes Land stellt Eltern, Lehrer und vielleicht auch Schüler so früh vor so schwerwiegende Entscheidungen, die später kaum korrigierbar sind. Im Grunde haben wir eine Fragmentierung des Bildungssystems. Es gibt zum Beispiel keine andere Sprache, die den Begriff der „Schulreife“ kennt. Da ist die Frage, wann passen unsere Kinder in die Schule? Wie viele Jahre brauchen sie? Wann passen sie irgendwo hin in dieses System, statt zu fragen: wie können wir diese jungen Menschen vom Beginn ihres Lebensweges an über ihre Schulzeit und darüber hinaus sinnvoll dabei unterstützen, selber zu lernen.

Pisa: von Erfolgen lernen

Pisa ist ein sehr einfacher Vergleich. Aber das Prinzip dahinter ist, von Erfolgen zu lernen und keine Strafmaßnahmen, Zentralabitur oder was-weißich, zu verhängen. Nicht Kontrollen verschärfen, sondern das Potential entwickeln, von anderen zu lernen. Das ist das Thema der Globalisierung. Wenn wir das nicht schaffen, werden wir im internationalen Wettbewerb, also im großen Rahmen der Globalisierung, nicht bestehen können
Das Schlimmste, was wir im Bildungssystem machen können ist, Menschen ihre Perspektive zu nehmen. Die Offenheit, die wir heute brauchen, liegt daran, dass wir nicht wissen, wie unser Beruf in zwanzig Jahren aussehen wird. Wir wissen nicht, wie unser Leben in zwanzig Jahren aussehen wird. Aber wir müssen die Fähigkeit haben, mit Veränderungen umzugehen. Wenn wir jungen Menschen das nehmen, indem wir ihnen sagen, ihr seid aber dafür geboren, jetzt in diesem Bereich groß zu werden und diese Ausbildung zu machen, dann nehmen wir ihnen diese Perspektive und nutzen das Potential, das in den jungen Menschen steckt, einfach unzureichend.

Selektion, Zentralismus und Misstrauen

Die Selektivität des Schulsystems ist ein Indikator für Misstrauen. Die mangelnden Freiräume für Schulen sind ein anderes Zeichen für Misstrauen. Man sagt in Deutschland, wir müssen die Dinge zentral regeln, damit es nicht zu Missständen in den Institutionen kommt. Und nun schauen sie auf ein Land wie Finnland, wo man genau den anderen Weg gegangen ist. Wo man sich gesagt hat, wir werden den sich so rapide geänderten Anforderungen der Gesellschaft nicht gerecht, wenn wir das zentral regeln. Wir schaffen selbst die Schulaufsicht ab. Soweit sind die ja gegangen. Sie haben gesagt, die Verantwortung für die Ergebnisse liegt bei den Schulen. Im Ergebnis liegen in Finnland zwischen den Schulen nur etwa sieben Prozent der Leistungsunterschiede, in Deutschland aber siebzig. Das heißt, man hat bei uns mit dieser Selektivität, mit den Kontrollmechanismen das Problem nicht in den Griff bekommen und wird es damit auch nicht in den Griff bekommen. Die Herausforderung heißt: wie können wir zu Verantwortung übergehen? Wie können wir Vertrauen an die Handelnden geben?

Ziele, Evaluation und Verschiedenheit

Das entscheidende Defizit in Deutschland ist der Mangel an strategischer Perspektive. Der verhindert Reformen. Wenn sie sagen, wir reformieren nur

das, was wir innerhalb von zwei, drei, vier Jahren umsetzten können, dann werden sie die entscheidenden Fragen nicht beantworten. Man kann natürlich Minimalschritte in kurzen Zeiträumen machen. Nur: eine strategische Reform kann nicht die Summe von Minimalschritten sein.
Das Ziel von Prüfungen muss sein, wie können wir dem Schüler helfen, besser zu lernen. Wie können wir dem Lehrer helfen, besser zu unterrichten. Wie können wir der Schule helfen, effizienter zu sein. Dazu ist es wichtig, dass man sich überlegt, wie werden wir mit dem Ergebnis der Prüfung umgehen. Werden wir aufgrund dieser Prüfung entscheiden, ob dieser junge Mensch jetzt diesen oder jenen Ausbildungsgang machen kann? Das darf nicht das zentrale Anliegen von Evaluation sein. Evaluation muss das ehrliche Anliegen aller Beteiligten sein, besser zu werden, voneinander zu lernen und Transparenz zu schaffen. Wenn sie vorwiegend als Kontrollmechanismus eingesetzt wird, vielleicht sogar noch unter dem Deckmantel von, „ja, wir helfen ja", dann wird Evaluation nie Fuß fassen.
Wir lernen alle von Unterschieden. Verschiedenheit ist das Potential, auf dem wir aufbauen. Wenn wir alle gleich wären, hätten wir nur einen Bildungsgang. Die Stärke von guten Schulen ist, mit diesen Unterschieden kreativ umzugehen, also Schüler individuell und gemeinsam zu fördern.

Manfred Spitzer
Direktor der Psychiatrischen Klinik, Universität Ulm
Gründer des Transferzentrums für Neurowissenschaften und Lernen an der Universität Ulm

Angst ist Gift fürs Lernen

Menschliche Gehirne sind zum Lernen gemacht. Wenn es einen Organismus gibt, der besser lernt als alles andere auf der Welt, dann sind wir es. Unsere Gehirne sind so optimal konstruiert, dass trotz all unser Schul- und Erziehungsbemühungen aus den meisten Kinder ja vernünftige Menschen werden, obwohl wir uns wirklich Mühe geben, es ihnen abzugewöhnen. Worum wir uns kümmern müssen ist, dass das Gehirn in einer guten Atmosphäre lernt, denn wenn es so ist, dass die Schüler in dreißig Jahren Probleme lösen müssen, von denen wir heute noch keine Ahnung haben, dann ist doch klar, was sie dabei nicht brauchen können: die Angst.
Angst ist nicht gut für das Lernen, das kann man klar sagen. Wer unter Angst lernt, der lernt die Angst gleich mit und das ist ganz dumm, sie speichern es dort ab, wo wir angsterfüllte Assoziationen abspeichern.

Am besten aus vielen Beispielen lernen

Lernprozesse müssen selbst gesteuert ablaufen, die Kinder müssen das wollen. „Reintrichtern“ geht gar nicht, das wissen wir längst, pauken geht auch nicht. Es geht gut mit vielen Beispielen, mit Spaß, sich fragen, wie geht denn das und wie funktioniert denn das und wie wollen wir das jetzt machen?
Es ist ganz wichtig, nicht lauter Kleinkram zu lernen. Das können Gehirne nicht gut und das nützt auch gar nichts. Unser Gehirn ist auf diesen Verallgemeinerungsprozess geeicht. Ganz selten mal merken wir uns Einzelnes. Die Schule hängt zu sehr an explizitem Wissen, an Fakten und Daten.
Ich habe ganz viele regelhafte Zusammenhänge in meinem Kopf, ohne über diese im Einzelnen Bescheid zu wissen. Der einzelne Kleinkram ist nur das Sahnehäubchen obendrauf.
Üben ist etwas ganz Wichtiges für das Lernen junger Menschen, denn nur dadurch bleibt Struktur hängen. Wir wissen, das Gehirn bildet seine eigenen Strukturen dadurch, dass es Strukturen verarbeitet und durch die Verarbeitung sich selber strukturiert. So funktioniert Lernen. Man braucht viel Wiederholung, aber keinen Drill. Drill heißt ja, ich lasse es über mich ergehen.

Wiederholung heißt, noch ein Beispiel! Noch was Interessantes! Dann werden diese vielen Dinge abgebildet und bilden eine Struktur im Gehirn, die bei der nächsten Entsprechung sofort darauf anspringt und die das wieder bearbeiten kann. Sie kann sozusagen „fitter" mit der Umgebung umgehen. Das ist letztendlich das, was Lernen bewirkt. Wovon man weg muss ist, dem Schüler eine Regel zu sagen, der nickt und das war es. So klappt es nicht. Lehrer müssten sich beim Unterricht fragen: was will ich eigentlich, was soll bis ans Lebensende behalten werden von dem, was ich da gerade mache? Darauf müssten sie sich mehr konzentrieren, mit vielen Beispielen. Und an den Beispielen ist nicht der Kleinkram wichtig, sondern das, wofür sie stehen.

Schulschlaf?

Wenn man die Kinder fragt, wann habt ihr Stress, dann sagen sie, vormittags in der Schule. Wenn man sich dann die körperlichen Variablen anschaut, also emotionale Belastung, körperliche Belastung und kognitive Belastung, dann kommt raus, dass die emotionale Belastung vormittags eher gering ist. Salopp gesprochen, vormittags sind die Kinder kurz vor dem Tiefschlaf. Emotional geht es nachmittags ab. Und wenn man nun noch weiß, dass Emotionen für Lernvorgänge ganz wesentlich sind und sich vormittags kaum abspielen, dann ist zwar klar, dass vormittags Zeit verdöst wird, aber dass nicht wirklich gelernt wird. Gelernt wird nachmittags vor den Privatkanälen. Wir wissen ja, was da rüberflimmert. Das wird dann wirklich gelernt, Mord und Totschlag und noch vieles andere mehr.

Lehrer

Für die Lehrer, das muss man auch ganz klar sagen, heißt das: wenn sie Pech haben, kämpfen sie vormittags auf verlorenem Posten gegen Steven Spielberg und Hollywood am Nachmittag. Sie kämpfen da wirklich auf verlorenem Posten, egal was sie machen, auch wenn sie da noch so ein Feuerwerk abziehen.

Wenn sie zwanzig Jahre auf verlorenem Posten kämpfen, dann gehen sie dabei kaputt. Wenn wir heute kaum noch einen Lehrer im Rentenalter in die Rente schicken, sondern fast alle vorher, und zwar deutlich vorher, dann deswegen, weil die nicht mehr können und nicht, weil sie nicht mehr wollen.

Schule, ein wichtiger Ort

Wir müssen dafür sorgen, dass die Schulen wieder akzeptierte Orte werden, wo Lebensvollzug stattfindet. Für viele Schüler ist Schule etwas, da geht man hin, schaltet irgendwie ab und erst wenn man draußen ist, geht das Leben wieder weiter. Wenn man diese Schule auch noch verlängert, das wäre ja noch schlimmer, das darf auf keinen Fall sein. Schule muss wieder attraktiv werden. Da muss es wieder Spaß machen, nicht im Sinne von „Spaßkultur", da muss man wieder gerne und neugierig hingehen.

Elsbeth Stern

Professorin, Forschungsgruppenleiterin im Max-Plack-Institut für Bildungsforschung, Berlin

Träges und intelligentes Wissen

Sobald die Aufgaben, das haben ja Pisa und Timms zutage gebracht, von dem üblichen Format in der Schule abweichen, können viele deutsche Schüler die Aufgabe nicht mehr lösen, weil das Wissen träge und unflexibel ist, denn es war immer nur auf eine bestimmte Anforderung zugeschnitten. Grund dafür ist auch, dass sehr häufig begriffs- und konzeptorientiert vorgegangen wird und weniger problemorientiert. Entdeckendes Lernen, das natürlich in einen strukturierten Kontext eingebettet sein muss, bringt Schülern nebenbei wichtige Konzepte bei. Dann können sie zum Schluss mit Formeln und Definitionen arbeiten. In Deutschland ist es genau umgekehrt.

Um nachhaltig zu lernen, muss man Zeit haben. Es ist ja ein Problem, dass bei uns in der Schule die Klausuren immer sofort nach der Lerneinheit durchgeführt werden. Man lernt etwas und dann wird es abgeprüft, und dann lernt man das nächste. So werden keine Zusammenhänge geknüpft. Zwischendurch wird vergessen. Wenn man nicht verständnisvoll lernt, dann kann es sinnvoll sein, zu vergessen, weil die Stoffe ja nacheinander wie eine Bauklotzreihe aneinander gereiht und nicht integriert werden.

Freude an Problemlösungen

Dass Schule wirklich positive Einsichten vermitteln kann, dass es Spaß machen kann zu lernen, das ist nicht die Regel, aber das muss einfach zur Regel werden. Nur, wenn man das jetzt einfach nur als Regel ausgibt, dann würde wahrscheinlich alles noch schlimmer werden, weil viele Schüler nicht gelernt haben, Spaß am Lernen zu haben. Ganz wichtig ist es, dass die Schüler lernen, dass eine selbstaufgebaute Erklärung, die vielleicht nicht so eloquent ist und bei der man lange überlegen muss und erst mal vielleicht nicht so schöne Sätze hinkriegt, zehnmal mehr wert ist als die Übernahme einer Definition, von der ich vielleicht manche Dinge gar nicht verstanden habe. Dieses Grundverständnis müsste einfach da sein: ich kann Dinge erklären, wenn ich sie vorher genau beobachtet habe, wenn ich Bedingungen beobachtet habe, unter denen sie auftreten. Die Erklärungen fordern unterschiedlich viel Wissen heraus. Manches muss ich auf später verschieben, aber anderes kann ich jetzt schon ganz gut erklären.

Bewegliches Wissen

Man hat die Transferfähigkeit von Wissen überschätzt. Man dachte, man lernt eine Sache und sie wird automatisch frei angewendet. Das ist nicht so. Wissen ist erst mal situiert, es ist auf die Anforderungssituation zugeschnitten, in der ich es erworben habe. Das gilt für intelligente Leute genauso wie für weniger intelligente und deshalb gehört es auch immer dazu, dass ich etwas über den Anwendungsbereich jenes Wissens lernen muss, das ich gerade erworben habe. Das geht natürlich nur, wenn ich auch neue Anforderungen bekomme und dann sehe: aha, jetzt ist es ähnlich, aber doch wieder ein bisschen anders als vorher. Dann verändert sich mein Wissen wieder. So baue ich sinnvolles Wissen auf. Aber die Vorstellung, man lernt eine Sache, man trainiert das Gehirn wie einen Muskel und schon ist man für die ganze Palette an Anforderungen, die auf einen zukommen, vorbereitet, lässt sich nicht aufrecht erhalten.
Man hat vernachlässigt, flexibel mit Wissen umzugehen, zu lernen, dass ich zu ein und demselben Ziel auf sehr vielen unterschiedlichen Wegen kommen kann und dass mal dieser Weg, dann mal wieder ein anderer sinnvoll sein kann und dass ich gut dastehe, wenn ich viele Wege kenne.

Wir brauchen ein andere Schule

„Managing Diversity", das ist vielleicht die Herausforderung der Zukunft. Menschen sind unterschiedlich und sie profitieren von ihrer Unterschiedlichkeit, sie sind aber nicht so unterschiedlich, dass man sie alle einfach an drei unterschiedlichen Plätzen – Hauptschule, Realschule, Gymnasium und dann noch als Abfallplatz die Sonderschule – unterbringen könnte.
Dieses dreigliedrige Schulsystem basiert ja auf der Idee, dass es drei Begabungstypen gibt. Es gibt weder die drei Begabungstypen als Typen in der Psychologie noch sind es die Anforderungen der Wirtschaft. Es ist ja das Verrückte, dass dieses Schulsystem niemanden mehr bedient.
Unsere Schule ist sehr stark leistungsorientiert, aber zu wenig lernorientiert. Leistungsorientierung heißt, wie kriege ich meinen Abschluss mit guten Noten, damit ich damit Zugang zu bestimmten Ausbildungsgängen habe. Lernorientiert heißt, habe ich die Mathematik wirklich verstanden? Habe ich wirklich verstanden, wie bestimmte Ereignisse unserer Natur zu erklären sind?
Problematisch wird es, wenn in unserem dreigliedrigen Schulsystem ab der vierten Klasse der Lehrer die Entscheidungen treffen muss, wer auf das Gymnasium geht und wer nicht. Dann spielt sofort wieder dieses Leistungsorientierte und nicht das Lernorientierte eine Rolle.

Auf das Lernen kommt es an

Generell wird der angeborenen Begabung in Deutschland eine zu große Bedeutung beigemessen, insbesondere bei Mathematik und Naturwissenschaften. Da herrscht bei Lehrern, bei Eltern, bei Schülern die Auffassung, wenn ich begabt bin, dann fällt es mir zu, und wenn ich nicht begabt bin, dann muss ich gar nicht erst damit anfangen. Das hat zur Folge, dass wir weder Spitzenschüler haben, noch einen guten Job bei der Förderung von schwachen Schülern machen.
Die Vorstellung, dass man möglichst homogene Lerngruppen braucht, um am besten zu lernen, die ist einfach nicht richtig. Das ist bei diesem lehrerzentrierten Unterricht, diesem fragend entwickelndem Unterricht ja bei uns die Regel. Da mag das ja vielleicht sogar stimmen, weil da natürlich der Lehrer im Kopf hat, das kann mein Schüler, das muss ich durch die Fragen rauslocken. Doch das ist häufig nur auf zwei, drei Schüler der Klasse zugeschnitten.

Wenn wir mehr organisiertes Lernen hätten, dann könnten alle Schüler profitieren, und es ist eine völlig falsche Vorstellung, dass die begabteren Schüler am besten lernen, wenn sie nur unter ihresgleichen sind. Also diese Vorstellung, dass man für jeden Schüler den richtigen Platz hat, und zwar den, auf den er auf Dauer hingehört, die ist so absurd, die lässt sich überhaupt nicht rechtfertigen. In jeder Lernsituation gibt es die Situation, dass manche Kinder schon etwas können und andere können es noch nicht und damit muss man umgehen. Aber man geht nicht damit um, indem man ihnen vier verschiedene Plätze dauerhaft zur Verfügung stellt, sondern indem man einfach verschiedene Lernsituationen anbietet.
Kompetenzerwerb ist eine wichtige Sache. Daraus ziehen Menschen das meiste Selbstbewusstsein, egal, was es für eine Kompetenz ist, ob man etwas Schönes gekocht oder ob man etwas genäht hat. Dass ich etwas kann, was ich vorher nicht konnte, ist eines der größten Glücksgefühle, die es für Menschen überhaupt gibt. Menschen dieses Gefühl zu geben, wenn ich mich anstrenge, dann kann ich etwas, was ich vorher nicht konnte, das muss von Anfang an eine ganz große Rolle spielen.

Jeder kann lernen. Auch wenn sich die Menschen in den Eingangsvoraussetzungen unterscheiden, kann jeder lernen. Das Wissen ist der entscheidende Bestandteil der Bildung. Wissen ist ein Werkzeug, mit dem ich gut umgehen kann. Wissen ist nichts, was ich von außen in meinen Kopf kopiert bekomme, sondern was ich mir selbst erarbeiten muss und was ich haben muss, um bestimmte Anforderungen bewältigen zu können. Ich habe es in der Hand, mein Wissen durch Analogieschlüsse zu ändern, indem ich einfach mal versuche, eine bestimmte Strategie in einem neuen Gebiet anzuwenden, indem ich etwas abändere. Ich habe es als Lernender in der Hand, wie sehr ich dieses Wissen ausweite und verändere.

Plädoyer für eine pädagogische Währungsreform

Ein Essay zum Film
von Reinhard Kahl

I. Risikobereitschaft und Fehlertoleranz

Der Film „Treibhäuser der Zukunft“ zeigt Schulen, die gelingen. Es gibt sie! Auch in Deutschland.

Der Film entfaltet bei seiner Entdeckungsreise eine gewisse Beweislust. Das muss man einräumen. Er richtet sich gegen die Rede, dass gute Schulen in Deutschland nicht möglich sind. Er widerlegt vermeintliche Beweise, dass es gute Schulen bei uns gar nicht geben kann, solange.... Und nun kann man wahlweise viele Argumente einsetzen: solange es uns nicht richtig dreckig geht. Oder: bevor es den Lehrern nicht endlich besser geht. Ohne Entlastungsstunden sei nichts zu machen, hört man aus Lehrerzimmern. Bei Erhöhungen der Stundenzahl laufe gar nichts mehr. Naheliegend ist auch das Argument, wir würden keine besseren Schulen bekommen, solange Deutschland nicht endlich in einer großen Strukturreform Abschied vom selektiven Schulsystem genommen hat.

Natürlich haben diese Sätze einen unbestreitbaren analytischen Kern. Aber in ihnen steckt eine Verweigerung, anzufangen. Und zwar nicht am großen Ganzen, sondern am kleinen Stück vor Ort, da, wo die eigene Wirksamkeit am größten ist. „Der Anfang ist auch ein Gott,“ sagte Plato, „wo er waltet, rettet er alles“. Diese optimistische Religion hat in Deutschland wenig Anhänger.

Es gibt hier zu Lande eine heimliche Liebe zum Misslingen, zumal wenn man dabei mit „kritischen“ Analysen und alarmierenden Prophezeiungen Recht bekommt. Zuweilen scheint es, als hätten wir uns mit gewissen Problemen so eng befreundet, dass wir fürchten, ohne sie einsam zu werden. Dass etwas nicht geht, ist eine Prognose, deren Bestätigung leicht fällt. Dass etwas gelingt, ist immer risikoreich. Wenn man es nicht für möglich hält, hat es keine Chance. Das Gelingen kommt immer etwas anders als man denkt. Es bringt ja etwas Neues. Dass müsste doch faszinieren! Aber es wird häufig auf die Seite des Banalen, Positiven, Staatstragenden geschlagen. Dabei ist, dass etwas gelingt, in Deutschland doch langsam der größte Skandal.

Wir haben auch einen Hang dazu, lieber Opfer zu sein, als Handelnde zu werden. Handelnde! Nicht Ausführende. Opfer können eine gewisser Reinheit für sich in Anspruch nehmen. Sie stehen fast automatisch auf der richtigen Seite. Auch Ausführende wollen risikolos agieren. Handelnde hingegen bewegen sich im Unreinen. Sie machen Fehler, müssen für deren Folgen einstehen und sind deshalb auf Fehlertoleranz angewiesen. Fehlertoleranz ist das Komplementär zur Risikobereitschaft. Diejenigen, die etwas in Gang setzen, einen neuen Weg suchen oder einfach nur etwas unternehmen, sind auf dieses Twinset angewiesen.
Vor allem das Lernen verlangt eine Atmosphäre, die beides ermöglicht. Das gilt erst recht, wenn Organisationen lernen, zumal solche, in denen gelernt werden soll. Lernen! Nicht kopieren. Lernen und Handeln sind miteinander so verwandt wie Kopieren und Ausführen.

Was macht ein vertrauensvolles, die Schüler herausforderndes Klima in Schulen aus? Wie wird Lernen eine Vorfreude von Kindern auf sich selbst? Wie wird Lernen zur lustvollen und gewiss auch anstrengenden Arbeit an der eigenen Biografie?

Der Film versucht diese Frage positiv zu beantworten. Er zeigt Schulen, die ein positives pädagogisches Mikroklima aufgebaut haben, auch wenn manche Großwetterlage jenes nicht fördert. Künftige Dokumentationen im „Archiv der Zukunft" werden genauer untersuchen, was die Zwischenräume auflädt und belebt, wie Schulen selbst lernen, wie sich auch Institutionen ihre eigene Biografie schaffen und wie ihr verändertes Mikroklima auf die Gesellschaft ausstrahlt.

In Ergänzung zu den Bildern des Gelingens bekommt hier im Text die Diagnose ihren Raum. Die alltägliche Realität, die wir kennen und für die wir doch häufig blind sind, soll so gut es geht erhellt werden. Der Film schärft den Möglichkeitssinn. Denn vieles sehen wir gar nicht, weil wir es nicht für möglich halten. Aber es gilt auch, den Wirklichkeitssinn zu stärken. Das Zusammenspiel beider Sinne ist ein Ziel im „Archiv der Zukunft".

II. Vertrauen und Misstrauen

Kürzlich veröffentlichte das amerikanische Gallup-Institut eine in 47 Ländern durchgeführte Befragung. Aus einer Liste von 17 Institutionen sollte diejenige ausgewählt werden, die das größte Vertrauen genießt. Im Ergebnis von 36 000 weltweit durchgeführten Interviews stehen Schulen, Kindergärten und Universitäten an der Spitze. Den Bildungseinrichtungen wird international das meiste Vertrauen gegeben. Das ist eine gute Nachricht. Die schlechte heißt, man ahnt es schon, in der deutschen Gefühlslandschaft liegt die Bildung im Misstrauenstal, deutlich unter Normalnull, exakt auf Platz 11 dieser 17 angebotenen Möglichkeiten, übrigens ganz in der Nähe von Gewerkschaften und Medien. Höchstes Vertrauen genießt bei uns die Polizei. Auf Platz zwei folgt das Militär, punktgleich mit der UNO. Das ist aufschlussreich. Man setzt offenbar auf Blauhelme, sicherlich nicht mehr auf Pickelhauben. Wünscht man so etwas wie Streitschlichter? Wo Misstrauen herrscht, kann man letztlich nur den Ordnungsmächten trauen. Wenn es kritisch wird, werden Machtworte, Vorgaben und, als ultima ratio, die eiserne Hand verlangt. Wollen die Misstrauischen überhaupt Bildung? Meinen sie nicht, allen Sonntagsreden zum Trotz, eher Ausbildung? Zur Bildung gehört Vertrauen. Aber verlangen hier zu Lande nicht immer noch viele Menschen von Schulen eher eine Art Abhärtung? Setzen sie nicht auf ein Training, das für das feindlich angesehene spätere Leben tauglich machen soll? Und ist es ein Zufall, dass wir Bildung in der Vertrauensskala exakt auf die Position setzen, auf die uns Pisa international verwiesen hat, unteres Mittelfeld? Unschwer erkennbar gehört die Misstrauenskultur zur Physiognomie der auslaufenden Industriegesellschaft, in der man sich aufs Durchsetzen und aufs gute Funktionieren in zumeist entfremdeter Arbeit vorzubereiten hatte. Was aber ansteht sind Übergänge in eine nachindustrielle Wissens- und Ideengesellschaft.

Noch ein Gallup-Ergebnis, ein Ländervergleich auf der Skala Optimismus und Pessimismus. Wir erwarten schon nichts Gutes. Aber dass Deutschland nun weltweit Schlusslicht im Optimismus beziehungsweise Weltmeister in Sachen Pessimismus geworden ist, zeigt doch: wir haben nicht nur eine Krise, wir sitzen irgendwie fest. Wenn kaum jemand glaubt, dass es wirklich besser werden wird, wie kann es dann je besser werden?

Deutschland ein depressiver Zirkel? Man pflegt den Kleinkrieg und sucht nach Schuldigen. Was doch anstünde, wäre die Selbsterkenntnis nach dem Motto von Peter Senge vom MIT in Boston, der in seinem Buch „Die fünfte Disziplin“ über Lernende Organisationen geschrieben hat: „Wir haben lange den Feind gesucht. Nun haben wir ihn gefunden. Wir sind es selber.“ So weit sind wir noch nicht.

Wer von Vertrauen spricht, darf von Selbstbewusstsein, ja von Stolz und Zugehörigkeit nicht schweigen. Gewiss, Stolz ist in Deutschland ein kontaminiertes Wort. Im Auschwitz- und Mauerland wurde das Vertrauen in die Welt beschädigt. Dass Stolz eine Produktivkraft ist, gehört zu den ersten starken Eindrücken, wenn man in Skandinavien oder Kanada den erfolgreichen Schulen auf der Spur ist. Stolz, Verlässlichkeit und Zugehörigkeit schaffen die Sicherheit, von der aus Unsicherheit gewagt werden kann. Wenn der Boden unsicher ist, dann wird fortwährend nach Kompensation verlangt, dann bleibt der Wunsch nach Sicherheit das Hauptthema. Ist das nicht ein deutsches Problem? Ein in den meisten Schulen immer wieder erneuertes?

Der nach Pisa am häufigsten zitierte Satz über die finnischen Schulen heißt: „Jeder gehört dazu. Wir können es uns nicht leisten, auch nur auf einen zu verzichten. Jeder wird gebraucht." Das sagt Jukka Sarjala, bis 2003 Chef der finnischen Unterrichtsbehörde. Er kommt übrigens aus der konservativen Partei, aber das, sagt er, sei egal, weil es in Bildungsfragen Konsens gibt. Dass in Deutschland Bildung ein Hackbrett und kein Gemeinschaftsfeld ist, kann er nicht verstehen. Sein Unverständnis betrifft sowohl den latenten Religionskrieg in unserer Bildungspolitik, als auch den häufig gar nicht mehr latenten Kleinkrieg in den Schulen.

Viele Nachrichten aus deutschen Schulen klingen wie Frontberichte. Demütigung, Geringschätzung und Feindseligkeit. Wenn es hoch kommt, sachlich cooles Desinteresse sind häufig der Normalfall. Und dann werden Diskussionen darüber geführt, wer Schuld hat: Die Kinder, ihre Eltern, der soziale Brennpunkt oder die Wohlstandsverwahrlosung im Villenvorort, das viele Fernsehen und die großen Klassen.... - Alles externe Faktoren, mit denen man sich den eigenen Einfluss und die Verantwortung wegdefiniert. Aber ist die verbreitete Destruktivität, die ja nicht zu bestreiten ist, nicht auch eine Antwort auf mangelnde Würde, gekränkten Stolz, das zu schwache Gefühl von selbstverständlicher Zugehörigkeit?

Immanuel Kant sagte, der Mensch sei aus krummem Holz. Und darin sah er keinen Nachteil. Das Ideal der gehobelten, glatten und geraden Menschen kann ohnehin niemand erfüllen. Könnten wir solche Menschen lieben? Im Grunde ist das perfekte Ideal eine Falle. Ein Trick, um die an ihm scheiternden Normalsterblichen zu schwächen, zu verachten und ausschließen zu können. Und in den Abwärtsspiralen der Entwertung bildet sich dann tatsächlich das Trauma, wir seien aus fauligem Holz.

Also müssten wir gerade in der Erziehung stolz sein. Nicht „Stolz vermitteln". Das geht so wenig, wie Predigten die dazu auffordern mutig zu sein, gehalten von Feiglingen, irgendjemanden überzeugen könnten. Die Frage nach dem Stolz ist eine an die Erwachsenen. Hannah Arendt hat in einer visionären Rede am 13. Mai 1958 über „Die Krise der Erziehung" diese Krise als eine von Erwachsenen definiert, „die sich weigern, die Verantwortung für die Welt zu übernehmen, in welche sie die Kinder hineingeboren haben." Erwachsene hätten für die Welt, wie sie ist, den Kindern gegenüber einzustehen, auch und gerade dann, wenn sie mit ihr nicht einverstanden sind. Zehn Jahre vor dem antiautoritären Schub nahm Hannah Arendt die Schattenseite der „progressive education" in den USA aufs Korn und kritisierte hellsichtig, was vielen heute erst langsam dämmert: Die Erwachsenen haben vielleicht gar nicht so sehr versucht, die Kinder zu befreien, als sich selbst aus dem Staub zu machen. Sie enthalten ihren Kindern, die sie doch so idealisieren, etwas nicht Ersetzbares vor: sich selbst. Das wichtigste Lebensmittel für Kinder ist Resonanz. „Es ist", sagte Hannah Arendt, „als ob sie ihnen täglich sagten: in dieser Welt sind auch wir nicht sehr verlässlich zu Hause, und wie man sich in ihr bewegen soll, was man dazu wissen und können muss, ist auch uns nicht sehr gut bekannt. Ihr müsst sehen, wie ihr durchkommt; wir waschen unsere Hände in Unschuld."

Die Fragen nach Stolz, Zugehörigkeit und Resonanz müssen ganz konkret gestellt werden. In was für Räume ladet ihr die nächste Generation ein? Schenkt ihr den Schülern Zeit oder geizt ihr schon damit?

Sagen wir: wir sind aus ganz gutem und krummen Holz. Nun wollen wir sehen, was in Euch drin steckt und was wir zusammen daraus machen? Begrüßen wir die Differenz als den Vorteil, anders zu sein oder verachten wir sie als Abweichung und verfolgen sie als Fehler?

Vielleicht klingt das etwas zu allgemein. Zwischendurch eine kleine Geschichte über den Vorteil, sogar die Produktivität von Abweichungen. Ein Geschichte vom Schüler Andreas.

Ein Grundschullehrer in Ahrensburg bei Hamburg fand, Andreas sei nicht für das Gymnasium geeignet. „Das ist kein Gym-Kind!" - da war er sich ganz sicher. Hätte Andreas nicht einen Professor zum Vater gehabt, was wäre wohl aus ihm geworden? Aber Professorenkinder kommen in Deutschland immer zum Gymnasium oder zur Waldorfschule. So auch Andreas. Jahre später begeisterte er sich für Musik. Ein Funke sprang vom Leiter eines Jugendorchesters auf ihn über. Aus dem zurückhaltenden Jungen wurde ein neugieriger. Er gewann einen Preis bei „Jugend forscht". Sein Abitur machte er mit 1,0. Dann begann er, Mathematik und Physik in Hamburg zu studieren und lernte in Australien die höhere Mathematik der Statistik. Er kam dort mit Forschern in Kontakt, die an einer internationalen Studie über Schülerleistungen in Mathematik und Naturwissenschaften arbeiteten. Dabei erwarb er sich erste Meriten.
Die OECD, der Zusammenschluss der 30 stärksten Industrieländer, wurde auf ihn aufmerksam und engagierte ihn für ihre Abteilung, die Bildungsindikatoren errechnet. 1995, nach einer internationalen Bildungskonferenz, fuhr der neue Mitarbeiter im Fahrstuhl mit Tom Alexander, damals Direktor des Education Department der OECD. „Die reden viel, aber was passiert in Schulen eigentlich wirklich?" meinte der Direktor. „Kriegt man das denn raus?" Am Wochenende darauf setzte sich der junge Mann für Statistik an den Computer und entwarf Grundzüge für ein „Programme for Internatio-

nal Student Assessment", kurz: Pisa. Andreas heißt mit Nachnamen Schleicher. Er ist heute der internationale Koordinator der Pisa-Studie. Als er im April 2003 den Theodor-Heuss-Preis erhielt, hieß ein Kernsatz seiner Rede: „Die Pisa-Ergebnisse sprechen eine klare Sprache. Jede institutionelle Barriere, die wir aufbauen, behindert Lernen und verstärkt Chancenungleichheit."

Die kulturellen und ökonomischen Konsequenzen der Barrieren sind evident. Aber aus welchem Material werden sie errichtet? Warum wird in unseren Schulen Zehnjährigen prognostiziert, wozu sie später wohl in der Lage sein werden und wozu nicht? Warum setzt man nicht alles daran, sie möglichst weit nach oben zu bringen?

Bei den Schülern verfestigt die Angst vor der kalten Zuschreibung von Lebenschancen ein Bild von der Schule als das eines feindlichen Übergriffs. Das sitzt nicht nur den Schülern tief in den Knochen. Man fühlt sich dort nicht zu Hause. Man verfolgt dort nicht die eigene Sache. Schüler und Lehrer fremdeln. Sie agieren wie Untermieter im System. In einem Artikel über die Rückmeldungen der Pisa-Ergebnisse an einzelne Schulen berichtet das Flensburger Tageblatt, dass die Schulleitung der Gesamtschule Eckernförde von den eigenen Ergebnissen gar nichts wissen wolle, denn, so sagte der Schulleiter der Zeitung: „Solange uns das Land nicht die Ressourcen für echte Reformen bereitstellt, brauchen wir die Pisa-Daten gar nicht erst zu diskutieren." Die Infantilgesellschaft produziert halt ein Leben lang Variationen auf: „Das hat meine Mutter nun davon, wenn ich friere."

Diese organisierte Verantwortungslosigkeit ist eine Grammatik, die das ganze System regiert. Die Lehrerin Anne Fliegenhenn aus Münster schreibt: „Viele Jugendliche wollen überhaupt nichts lernen. Das hat mich jeden Tag neu entsetzt. Sie wollen verwertbare Abschlüsse, um „einen guten Beruf" zu bekommen, sie wollen das Abitur als zentralen Endzweck von Schule. Dementsprechend lernen sie, was sie müssen. Neugier und Offenheit für die Anstrengung des eigenen Denkens sind ganz und gar nicht vorauszusetzen, noch nicht einmal Respekt vor Bildung überhaupt. Viele Eltern interessieren sich für die Schule nur und ausschließlich nur dann, wenn es um schlechte Noten ihrer Kinder geht. Wie soll man als junger Mensch allen Ernstes 13 Jahre Schule aushalten, wenn darin nichts Beglückendes, Befreiendes, Kräftigendes zu erwarten ist, sondern nur Mühsal auf dem Weg zum einzig erhofften und ersehnten Zertifikat, nach dem das Leben erst anfangen soll?"

Neben Stolz fehlt uns Zutrauen in die Leistungsfähigkeit und erst recht in die Leistungslust der Kinder und Jugendlichen. Wer mit deutschen Schülern, die ein Jahr in England waren, spricht, hört sie durchweg über eine

Schule staunen, die Stil und das Einhalten von Regeln verlangt. Die aber auch Beratung und Hilfe bei der Suche nach Wegen, um die Leistungen der Schüler zu steigern, verschwenderisch bietet. Zugehörigkeit ist dort anders definiert als im egalitären Finnland. Nicht jeder findet dort überall Einlass. Aber wer drin ist, muss um seine Anerkennung nicht mehr bangen.

Was ist nur mit uns los? Warum sind die Deutschen solche Misstrauensjunkies?

Für den Missmut hatte die Antike einen treffenden Namen: Misanthropie. Der Misanthrop, so die klassische Definition, findet andere Menschen nicht würdig, mit ihm zusammenzuleben. Er will sich mit der Welt nicht befreunden. Ist der Misanthrop ein enttäuschter Idealist? Hannah Arendt, die sich mit dieser Misanthropie befasst hat, argumentierte, jeder Mensch sei ein Dissident, jeder stehe „an einer Stelle in der Welt, an der noch nie ein anderer stand". Wir seien alle „Neuankömmlinge" und auf einen freundlichen Empfang angewiesen, um uns mit uns selbst und mit der Welt zu befreunden. Der Misanthrop jedoch, so schrieb sie, wolle „auf seine Fremdheit nicht verzichten." Daher sein merkwürdiger Geiz.

III. Abend am Wannsee – Ein Schlaglicht

Mittsommernacht in Berlin. Am Kleinen Wannsee feiern Jugendliche aus fast allen Kontinenten. Für die internationalen Gäste ist es Abschied und für einige Deutsche schon wieder die Rückkehr. Ein Jahr Schüleraustausch ist vorbei. „Stellt Euch vor," schwärmt eine Schülerin, „am ersten Tag nach den Ferien haben die Lehrer ihre Handynummern an uns verteilt!" Seit wenigen Tage ist sie aus Stockholm zurück. Dort ging sie ein Jahr zur Schule. Auf dem Rasen um sie herum stehen ihre staunenden Berliner Mitschüler und etwas gelangweilt dreinschauende Amerikaner, Kanadier und Neuseeländer. „Was ist denn daran so aufregend?" fragt ein Stimme mit englischem Akzent. „Na, die Lehrer waren jederzeit für uns da," antwortet die Rückkehrerin, „auch nachmittags und sie waren irgendwie..." „Freunde," ergänzt eine amerikanische oder kanadische Stimme. „Ja, man konnte mit ihnen über alles reden."
Der Himmel wird schon türkis, da fragt ein junger Amerikaner die Deutschen: „Warum sind die Lehrer eigentlich eure Feinde?" Jetzt wird es still. Die Berliner, eben noch so eloquent, suchen nach Worten. Diese Frage haben sie sich noch nie gestellt. Den Kleinkrieg in der Schule fanden sie bisher ganz normal. Nun aber bricht es aus ihnen heraus, wie bei einem Tribunal: „Ihr seid wie der Rotz an meinem Ärmel, hat unser Deutschlehrer mindestens einmal die Woche gesagt," erzürnt sich ein Abiturient von ei-

nem der vornehmsten Gymnasien der Stadt. „So ein arroganter Scheißkerl," kommentiert angewidert das Mädchen, das in Schweden war. „Ihr seid eben die blödesten Schüler auf der ganzen Welt, habe ich es euch nicht schon immer gesagt?" zitiert jemand seine nach Pisa derart auftrumpfende Mathelehrerin.

Was ist eigentlich an Schulen los, aus denen so etwas berichtet wird?

Ausländer wundern sich über die gereizte Stimmung an deutschen Schulen. „Befehlsführende Lehrer" beobachtet Mats Ekholm, der viele Jahre die schwedische Bildungsbehörde *Skolverket* geleitet hat. „In Finnland ziehen Schüler und Lehrer an einem Strang" findet der deutsche Pädagoge Rainer Domisch, der im finnischen „Zentralamt für Unterricht" arbeitet und nicht mehr in seine Heimatstadt Schwäbisch-Hall zurück will. Warum? „In Deutschland glauben Lehrer, sie müssten die Schüler zum Lernen zwingen und viele Schüler wehren sich gegen das Lernen, als wäre es eine Zumutung."
Deutsche Besucher in Finnland hingegen wundern sich, dass dort alle Klassenarbeiten und Klausuren mit dem Bleistift geschrieben werden. Bei so viel Vertrauen wird es selbst manchem erlösungsbedürftigen deutschen Schultouristen unheimlich.

Jürgen Baumert, Direktor am Max-Planck-Institut für Bildungsforschung und in Deutschland Chef der ersten Pisa-Studie, fällt auf, dass seine Kollegen aus Skandinavien von positiven Schulerinnerungen erzählen; ihre Lehrer haben sie in guter Erinnerung. Das könne er von seinen deutschen Kollegen und von sich selbst nicht behaupten. Wie war es denn? „Schrecklich langweilig." Deshalb hat Jürgen Baumert vor seinem Abitur den Unterricht auf eigene Faust verkürzt und sich in der gewonnenen Zeit Geld mit Nachhilfe verdient. Der Weg eines Hochbegabten. Andere Schulschwänzer machen andere Karrieren. Und es sind nicht die Schlechtesten, die häufig von ihren Lehrern aus der Schule rausgeekelt wurden.

Kennen deutsche Lehrer überhaupt ihre Schüler? Baumert hat Zweifel und kann sie begründen. Im Rahmen der ersten Pisa-Studie fragte er die Elite der Lehrer, definiert als diejenigen, die an Lehrplänen mitwirken und Schulbücher schreiben, wie viele ihrer Schüler im Lesen wohl Aufgaben aus der Kompetenzstufe fünf, bei Pisa die beste Gruppe, lösen. Gymnasiallehrer meinten, fast 80% und Hauptschullehrer glaubten, 60% ihrer Schüler würden es schaffen. Tatsächlich schafften diese anspruchsvollsten Aufgaben 0,3% der Hauptschüler, also praktisch keiner. Und auch bei den Gymnasiasten waren es keine 30%. Lehrer wurden außerdem gefragt, welche Schüler ihrer Klasse wohl zur sogenannten Risikogruppe gehörten. Das sind die Fünfzehnjährigen, die im Lesen nur Grundschulniveau oder nicht einmal dieses erreichen. Neun von zehn dieser sehr schwachen Schüler konnten von ihren Lehrern nicht identifiziert werden.

Im Unterricht lernen deutsche Lehrer ihre Schüler kaum kennen. Die Stunden laufen schematisch ab. Aus Beobachtungen des Mathematikunterrichts hat Jürgen Baumert ein „heimliches Skript" herauspräpariert. Es geht so: Hausaufgaben präsentieren; neues Thema einführen; dieses „fragend entwickeln"; dann Übungsaufgaben stellen und schließlich Hausaufgaben geben. Dieses deutsche Schema ist der „fragend entwickelnde Unterricht." Der Lehrer hat ein Ziel vor Augen und bringt die Schüler häufig sehr geschickt dazu, seinem Weg zu folgen. Nach 20 Minuten ist er gewöhnlich angekommen und sagt dann, „das haben wir nun rausgefunden." Tatsächlich laufen die Schüler wie in der Hundeschule mit, häufig an der kurzen Leine des Lehrers. Sie versuchen zu erschnüffeln, welche Fährte der Lehrer gelegt hat.

Den Schülern bleibt dabei wenig Raum für Eigenes. Ihre Äußerungen sind kurz. „Es gibt keine zusammenhängenden Sätze von Schülern, mehrere schon gar nicht", bilanziert Baumert. Auch bei Lehrern wurden nur knappe Fragen gemessen. „Wir haben in keiner deutschen Stunde Lehreräußerungen gefunden, die länger als eine Minute waren". Diese Art von Unterricht führt zu vielen Missverständnissen. Eine davon ist der Schülerbluff. Sie versuchen, intelligent zu blicken und herauszufinden, was ihre Lehrer hören wollen. Die wiederum sind zu sehr geneigt, auf Grund dieser Signale zu glauben, ihre Eleven hätten gelernt. Wenn Lernen heißt, dass Schüler etwas herausfinden und dabei zugleich eine Sache und sich selbst kennenlernen, dann ist Lernen in dieser deutschen Unterrichtsinszenierung selten. Vor Klassenarbeiten wird gepaukt und anschließend wird der Gedächtnisspeicher für das nächste Projekt wieder geräumt. Immer noch der Nürnberger Trichter? Jürgen Baumert präzisiert: „Von einer sehr weiten Frage wird es immer enger, bis die Lösung an der Tafel oder in den Heften der Schüler steht." Und bei anschließenden Übungsaufgaben an der Tafel oder bei der „Stillarbeit" stellen Lehrer immer wieder Aufgaben desselben Typs. Kaum bieten sie unterschiedliche Schwierigkeitsstufen. So gut wie nie gibt es Aufgaben, für die es mehrere Lösungen oder wenigstens mehrere Wege gibt. Solche Aufgaben haben Jürgen Baumert und sein Team in Japan als den Normalfall gefunden. „Im deutschen Unterricht", so des Max-Planck-Direktors scharfes Verdikt, stören zwei Sorten von Schüleräußerungen: „Die intelligente Antwort, die vorgreift und beiseite geschoben werden muss, und der Fehler." Beide können ergiebige Ressourcen sein. Das machen uns die Asiaten und die Skandinavier vor.

Der so irritierende Befund von Pisa und anderen Studien über den Mathematikunterricht lautet ja, dass deutsche Schüler in Routineaufgaben noch ganz gut sind, aber häufig einbrechen, sobald von ihnen selbständiges Denken verlangt wird. Schüler erwarten, dass ihre Lehrer an ihnen am liebsten wie an Marionettenfäden ziehen. Baumert fasst diesen Habitus gern in einer Anekdote zusammen: Ein Lehrer doziert mit dienstlich-routinierter Stimme seine Aufgabe. Ein Schafhirte hat 50 Schafe und vier Hunde! Wie alt ist der Schäfer? Die Antwort, die der Lehrer bekommt, heißt zumeist 54 oder 46. Wenn der Lehrer fragt, warum, sagen die Schüler, das hängt davon ab, ob man abzieht oder zuzählt.

Max-Planck-Direktor Jürgen Baumert ist auch Gastprofessor an der Universität Fribourg in der Schweiz. Er nimmt dorthin Videos vom deutschen Matheunterricht mit. Seine Studenten stöhnten regelmäßig, was sie sehen, sei ja unglaublich. Baumert verstand erst nicht, was sie meinen. „Na, der Umgangston," sagen sie, „dauernd diese kränkenden Bemerkungen von Lehrern." Die Schweizer Studenten machten den deutschen Professor hellhörig für die kleinen Abfertigungen von der Art: „Schon wieder der Fehler!" „Habe ich das nicht schon viermal gesagt?" Oder auch: „Ach, komm schon, das weißt du doch." Neben Demütigungen beherrschten „Anmache und Anbiedern" den deutschen Unterricht. Der Ton sei durchweg wenig respektvoll, abwertend und distanzlos. „Und auf beides", weiß Baumert, „reagieren Schüler enorm sensibel". Viele ziehen sich zurück, andere gehen in Opposition und manche versuchen, sich vor Verletzungen durch Gefallsucht zu schützen. Das sind die Streber. Auch eine deutsche Erscheinung. Ihr schlechter Ruf führt dazu, dass gute Leistungen in Verruf geraten. Sie gelten vor allem bei Jungen in der Pubertät als uncool. So ließen sich bei den Knaben zwischen der siebten und neunten Klasse im Gymnasium so gut wie keine Lernzuwächse feststellen. Diesen skandalösen Befund brachte die Hamburger *Lernausgangslagen-Studie (LAU)* an den Tag. Es ist ein Resultat des bisher gründlichsten Forschungsunternehmens dieser Art in Deutschland. Seit 1996 werden in der Hansestadt alle Schüler der damaligen dritten Klassen im Zweijahresabstand gestestet.

„Diese Demütigung und Anmache seitens der Lehrer sieht man in der Schweiz selten," fasst Jürgen Baumert zusammen. Auch in japanischen Unterrichtsvideos konnte er solche Töne nicht finden. In den skandinavischen Ländern, insbesondere bei den Pisa-Weltmeistern in Finnland, heißt die oberste pädagogische Maxime: Respekt. Kinder soll man nicht gängeln und niemals beschämen. Auch in den ostasiatischen Ländern gehören ähnliche Grundsätze zum kulturellen Urgestein. Vielleicht führt diese Beobachtung zu Erklärungen für die erheblichen Leistungsunterschiede im internationalen Vergleich? Den bisher erstaunlichsten Fund machte der Erziehungswissenschafter Andreas Helmke. Er verglich die Mathematik -Leistungen von Grundschülern in München und Hanoi. In Vietnam sind Schulen schlecht ausgestattet. Es regnet durchs Dach. Mäßig ausgebildete Lehrer stehen vor großen Klassen und müssen häufig in drei Schichten unterrichten. Dennoch, die Kinder aus Hanoi sind denen aus München in Mathematik haushoch überlegen. Noch vermag kein Forscher die verzweigten Wurzeln solcher Befunde auszuloten. Sicher scheint nur: es ist offenbar eine Frage der Kultur, nicht bloß eine von Schulorganisation und Unterrichtstechnik. Wie steht es mit dem Blick der Erwachsenen auf die Kinder? Ermuntern sie? Spornen sie an und geben sie Anerkennung? Oder senden sie an die nächste Generation abweisende Botschaften?

IV. Pisa – Ein deutsches Selbstgespräch

Ausländische Beobachter können nicht verstehen, warum sich die Deutschen nun schon seit Jahren so über Pisa aufregen. Aber sie ahnen etwas. Bereits im Dezember 2001, als der erste internationale Vergleich der Kompetenzen von 15jährigen veröffentlicht wurde, war die Meldung vom schlechten deutschen Abschneiden der englischen und schwedischen Presse fast so viele Zeilen wert, wie die Nachricht vom guten Ergebnis im eigenen Land. Engländer äußerten über das deutsche Desaster kaum verhohlene Genugtuung. Ihnen sind die Weltmeister des Industriezeitalters unheimlich. Die Schweden waren eher irritiert. Im Gesamtschulland glaubte manch einer, die früh auslesenden deutschen Schulen seien in ihrer Härte zwar nicht wünschenswert, aber vielleicht, fragte man sich bisher, seien die Leistungen ja doch überlegen.

Und wir, die Deutschen? Irgendwie haben wir bisher einen Beweis von Tiefe und Qualität darin gesehen, dass Schulen bei uns weniger freundlich sind als die in Kanada, Schweden oder fernab bei irgendwelchen Finnen. Deutsche sagen häufig: „geschadet hat es uns nicht", wenn sie sich an manche Demütigung in der Klasse und an die Angst davor erinnern, vielleicht nicht gut genug für die höhere Schule zu sein. In einer Fernsehdiskussion überraschte der Moderator seine Gäste mit der Frage: „Jetzt sagen sie bitte mal ganz schnell einen Satz, der ihnen zu ihrer Schulzeit einfällt." Vier von fünf Antworten waren Variationen auf „aus dir wird nie was." Und da diskutierte eine Kultusministerin neben vier Mitstreitern, die es alle weit gebracht haben. Gewiss, das Trotzen mobilisiert Gegenkräfte, aber zumeist bleibt eine Narbe, die der Wunde folgt. Und natürlich, einer zumindest ist immer dabei, dem die Schule nichts anhaben konnte.

Viele wurden in der Schule von einem vergifteten Gedanken infiziert: du bist ein Niemand. Häufig wurde mit dem „späteren Leben" gedroht, so dass einem die Schule wie eine zur Bewährung ausgesetzte Strafe vorkommen musste: sieh dich vor; keine falsche Bewegung; vor allem keine falsche Antwort; bloß nicht zu den blinden Passagieren gehören, die von Bord müssen!

Nicht viel fragen, aber immer intelligent gucken. Zugleich bot diese Schule einen Ausweg an: wenn du dich am Riemen reißt und wenn ein anderer aus dir wird, als der, der du jetzt bist, dann winkt Anerkennung. Wer in diesen Pakt einwilligte, war kastriert und bereit, sich im „späteren Leben" durch Arbeit zu rehabilitieren. Viele verloren dabei ihren Eigensinn.

Diese Schule passte alles in allem in die klassische Industriegesellschaft. Gebraucht wurden nur einige einsame Erfinder, wenige Autoritäten, aber viele Ausführende. Wer seines Eigenen beraubt und in seinem Stolz gekränkt war, der verlangte nach Prothesen, zum Beispiel nach viel Arbeit, nach einem Titel oder nach Zauberdingen wie 150 PS, obenliegender Nockenwelle und Schiebedach.

Aus der Sicht des mit Prothesen Vervollständigten haben ihm die vorangegangenen Amputationen nicht geschadet, sondern ihn von sich selbst entlastet. Am Ende glaubt der so Zugerichtete daran, dass nur bittere Medizin wirkt. Oder er ist davon überzeugt, dass Schüler, würde man das Sitzenbleiben abschaffen, sofort mit dem Lernen aufhörten. Etwa ein Drittel der deutschen Schüler hat, das zeigt die Pisa-Statistik, „verzögerte Schullaufbahnen". Schule als Strafe, das ist, im internationalen Vergleich, ein deutscher Sonderweg in der Bildung. Ausdruck eines Glaubens, dem Lust und Leistung eher als unvereinbar gelten.

Aber nun hat das kollektive Imaginäre der Deutschen, dieses unbewusste Gewebe des als selbstverständlich Geltenden einen Riss bekommen und dieser Riss heißt Pisa. Die lange vernarbte Wunde ist aufgeplatzt. Wo sie jetzt gespürt wird, befand sich vorher das gefühllose Gewebe der Narbe. In Deutschland wollten bisher viele Menschen nicht an ihre Schulzeit erinnert werden. Auch die Medien haben das Thema Schule gemieden, ganz so, als wäre schon ihre Benennung eine Androhung von Nachsitzen. Pisa ist tatsächlich der BSE-Faktor in der Bildung. BSE heißt diesmal „Bildungs-Skandal-Erreger". Er wurde zum Auslöser eines großen Selbstgesprächs darüber, wo wir stehen, woher wir kommen und wohin wir wollen.
Die vernachlässigte Bildung wird als eine Achillesverse dieses Landes erkannt. Sie könnte auch der Auslöser für einen Selbstversuch mit einer größeren Erneuerung werden.

Aber bleiben wir noch bei der Diagnose. Oder besser: bei der Anamnese. Sie bedeutet ja Erinnerung. Weil die Vorstellungen von Bildung tief im kollektiven Gedächtnis hängen, weil unsere Analysen und Strategien zwar rational kontrolliert, aber doch von schwerer zugänglichen Überzeugungen, ja einem Glauben gesteuert werden, was möglich und was nicht möglich ist, deshalb ist die Erinnerung ebenso wichtig wie der Aufbau anderer, positiverer Bilder und Denkmuster. Selbst in einem sachlichen Begriff wie „Qualifikationsbedarf" lässt sich die Inschrift von Vertrauen und Misstrauen entziffern.

V. Das Humankapital

Gero Lehnhard vom Max-Planck-Institut für Bildungsforschung hat untersucht, wie in den verschiedenen nationalen Traditionen das Verhältnis von Bildung und Wirtschaft gesehen wird und was daraus folgt. In Deutschland wird überwiegend mit dem „Qualifikationsbedarf" argumentiert. Die Voraussetzung für diese Konstruktion ist, dass die Zukunft im Groben bekannt ist. Nur so kann die nächste Generation dem vermeintlich objektiven Bedarf unterworfen werden. In die Vorstellung, dass ein Qualifikationsbedarf zu bedienen sei, mischt sich die verbreitete Angst, zu viele Hochqualifizierte könnten schließlich als ein akademisches Proletariat gefährlich werden. Das entspricht auch verbreiteten Alltagsvorstellungen, etwa dass ein erheblicher Teil der Studierten später Taxi fährt. Alle Statistiken beweisen allerdings, dass die Wahrscheinlichkeit von Arbeitslosigkeit mit höherer Qualifikation abnimmt. Eine Quittung für diese Denkweise sind die im internationalen Vergleich niedrigen Studierendenquoten in Deutschland.

In der angloamerikanischen und skandinavischen Tradition spricht man nicht vom „Qualifikationsbedarf," sondern vom „Humankapital". Das hört sich zunächst nach kruder Ökonomie an. Tatsächlich steht dahinter ein Denken, das darauf vertraut, dass die jungen Menschen aus ihrer Qualifikation schon was machen werden. Und niemand kann wissen, was. Die Zukunft ist offen und das ist ein Grund mehr, sich möglichst gut vorzubereiten.

Inzwischen beweist die Organisation für wirtschaftliche Zusammenarbeit und Entwicklung (OECD) mit ihren Studien, dass Berufserfolg und wirtschaftliche Erträge dann am stärksten gesteigert werden, wenn Schulen und Universitäten zu nachhaltiger Lernbereitschaft führen und sich nicht an einem unkalkulierbaren Bedarf orientieren. Wirksame Bildung wird immer weniger als Erfüllung des Bedarfs für bestehende Berufe konzipiert. Hätten die Finnen vor 25 Jahren, als bei Nokia noch Stiefel und andere Gummiwaren hergestellt wurden, überlegt, für welchen Bedarf sie ausbilden sollen - wer würde heute diese Firma kennen? „Kommunikationsgesellschaft" steht inzwischen als Staatsziel in der finnischen Verfassung. Definiert wurde es unter anderem damit, dass zumindest 70% der jungen Leute künftig studieren.

Inzwischen beginnen in Finnland 71% ein mindestens vierjähriges Studium. Wohin führt es, wenn jeder studiert, fragen sich immer noch viele

Deutsche. Die OECD kann solche Fragen beantworten. Länder, in denen der Anteil von Menschen mit Abschlüssen von Hoch- und Fachschulen seit 1995 um mehr als 5% gestiegen ist, haben sinkende Arbeitslosenquoten und steigende Einkommen. Jedes zusätzliche Jahr an Bildung, das eine Bevölkerung im Durchschnitt genießt, steigert das Bruttoinlandsprodukt um 3 bis 6 %.

„Von Inflation durch hohe Abschlüsse," sagt Andreas Schleicher, Chef der Abteilung für Bildungsanalysen in der Pariser OECD-Zentrale, „kann überhaupt keine Rede sein." Aber es sei kein Zufall, meint der in Hamburg geborene Mathematiker, dass in seinem Heimatland das Misstrauen gegen zu viel Bildung so groß sei. Man sieht in ihr häufig noch den schweren Rucksack voll von trägem Wissen. Eine Last, die viele Menschen im Grunde verabscheuen und nur widerwillig auf sich nehmen. Dabei wird in Ländern, die Schleicher „erfolgreiche Bildungsnationen" nennt, Bildung mehr und mehr als ein Auftrieb erlebt, der viele Menschen begeistert und weiterbringt. Nicht nur in Finnland werden aus den Universitäten die Schulen der Nation. In Australien studieren nach der 2004 veröffentlichten OECD-Statistik sogar 77%, in Schweden 75%, und auch in den USA sind es 64% der Schulabsolventen. Und in Deutschland? 35% nehmen ein Studium auf. Aber viele brechen es ab. Nur 19% verlassen eine Uni oder Fachhochschule mit Examen.

In deutscher Tradition spricht man von Bildungsausgaben. Nur langsam setzt sich der inzwischen international gebräuchliche Begriff „Investition" durch und damit auch die Überzeugung, dass diese „Ausgaben" etwas bringen. Entsprechend liegt der Anteil an Investitionen für Bildung in Deutschland mit 5,3% knapp unter dem OECD-Durchschnitt (5,6%), aber weit entfernt von Ländern, mit denen sich dieses Land vergleichen müsste, etwa den USA (7.3%) oder Aufsteigern wie Korea (8,2%). „Mit Bildung können arme Länder reich werden," sagt Schleicher mit Blick auf den fernen Osten und in den hohen Norden. Der Satz gilt auch umgekehrt: Reiche Länder, die ihr Humankapital verwahrlosen lassen, werden verarmen.

Andreas Schleicher kann nachweisen, „dass Unterschiede beim Produktivitätszuwachs entscheidend auf das Maß von Anstrengungen der verschiedenen Staaten beim Um- und Ausbau der Bildung zurückzuführen sind". Dass in Deutschland der Produktivitätszuwachs so gering ausfällt, erklärt er damit, dass es im Bildungsbereich über 20 Jahre praktisch einen Stillstand gegeben hat.

Aber mehr Geld und Studierendenquoten allein bringen noch keine Besserung. Die OECD beobachtet neben dem Paradigmenwechsel, der Bildung nicht mehr als Kosten sondern als Investition betrachtet, einen zweiten

Wandel. In erfolgreichen Ländern wird das System der Bildungs*abschlüsse* durch eines der *Anschlüsse* an Berufe oder weitere Bildungsstufen ersetzt. Wer seine Ausbildung als Krankenpfleger gut beendet, kann als Mediziner weitermachen. Wer als Programmierer glänzt, schließt daran Informatik oder vielleicht Physik an, häufig nach einem Zwischenspiel im Beruf. So machen Bachelor und Master einen Sinn. Lehrer und Professoren sehen ihre Arbeit bestätigt, wenn möglichst vielen ihrer Studenten gute Anschlüsse gelingen. Sie wollen ihre Qualitätsansprüche nicht dadurch beweisen, dass eine hochgelegte Hürde nur von wenigen jungen Leuten genommen wird.

Selbst in den Differenzen der beiden bildungsökonomischen Begriffe „Qualifikationsbedarf" und „Humankapital" macht sich das Maß an Vertrauen oder Misstrauen bemerkbar. Die weichen Faktoren erweisen sich als die folgenreichsten. Bildungssysteme sind tief in der Mentalität der Gesellschaft verankert. „Maßnahmen", die nicht in diese Tiefe gehen, werden wirkungslos bleiben.

Bildung wird die entscheidende Kraft, das ist nun die wirklich zukunftsentscheidende Wahrheit der Wissensgesellschaft. Andere sprechen schon von Bildungsgesellschaft oder, wie Bundespräsident Horst Köhler, von einer Ideengesellschaft. Bildung wirkt langsam, aber nachhaltig. Sie ist, ökonomisch gesehen, für die OECD bereits die wichtigste Produktivkraft, wegen ihrer realen Effekte, vor allem aber, weil sie, anders als etwa Bodenschätze, beeinflussbar und schier grenzenlos vermehrbar ist. Wissen und Denken, die „Problemlösekompetenz" wird im gesamten Produktions- und Wertschöpfungsprozess immer wichtiger. Wissen und Denken treten an die Stelle von routinierten Anwendungen. Noch wichtiger wird eine Entdeckung, die nun die Wirtschaft in der Wissensgesellschaft macht: Wertschätzung wird die wichtigste Voraussetzung für Wertschöpfung.

VI. Der 30-jährige Bildungskrieg

Auf sanften Druck der Amerikaner beschlossen die deutschen Kultusminister 1948 auf ihrer ersten Konferenz, das ständische dreigliedrige Schulsystem abzuschaffen. Es sei an den Nazigräuel mitschuldig und solle einer einheitlichen, demokratischen achtjährigen Schule für alle weichen. Noch saßen die Minister aus allen Besatzungszonen an einem Tisch. Ein Jahr später, die Teilung war vollzogen, wurde dieser Beschluss von der neuen Kultusministerkonferenz aufgehoben. Ihr gehörten nunmehr nur die Länder der Bundesrepublik an. Wieder wurde mit der deutschen politischen Katastrophe argumentiert. Diesmal so: die Demokratisierung des Bildungswesens in der Weimarer Republik habe zu viele „Ungeeignete“ in höhere Schulen und Hochschulen geschleust. Ein unzufriedenes „Bildungsproletariat“ mit seiner Halbbildung, also Menschen, denen zu viel versprochen worden sei, habe den Nährboden für den Nationalsozialismus abgegeben.

Die Furcht vor den Überzähligen in höheren Bildungsgängen, die Angst, dass die falschen Schüler auf die richtig gute Schule unserer deutschen Bildungstradition gehen würden, sollte von nun an die deutsche Bildungspolitik bestimmen. Bei der guten deutschen Schule dachte man an das Gymnasium. Es allein stand für „Bildung“. So wenig es gelang, in unseren Schulen, wie überhaupt in der deutschen Gesellschaft, ein selbstverständliches und entspanntes Gefühl von Stolz und Zugehörigkeit auszubilden, so etablierte sich in der Bildung ein exklusives System von Zugehörigkeit. Das Gymnasium adelte zu etwas Höherem - wonach sich alle sehnten. Eine Konstruktion, die unvermeidlich auf Kosten derjenigen geht, die es nicht geschafft haben und nicht schaffen werden. Je erfolgreicher das Gymnasium später wurde, desto tiefer wurde die entsprechend schrumpfende Gruppe der anderen deklassiert. Ein ungewollter Effekt, zumal in sozialdemokratischen Bundesländern, die nach ihrer gescheiterten Gesamtschulpolitik darauf setzen, möglichst viele Kinder aufs Gymnasium zu bringen. Und was wird mit den anderen?

„Bildung“ war in Deutschland in der zweiten Hälfte des 19. Jahrhunderts zum Ersatz für den verpassten politischen Aufbruch des Bürgertums überhöht worden. Der überhöhte Bildungsbegriff hielt sich, obwohl man später so strikt auf den wirtschaftlichen Bedarf setzte. „Die Gesamtheit der Gebildeten stellt in Deutschland eine Art geistiger Aristokratie dar,“ schrieb 1902 der preußische Bildungsapologet Friedrich Paulsen und sprach auch gleich den Dünkel aus: „Wer keine akademische Bildung hat, dem fehlt etwas, wofür Reichtum und vornehme Geburt nicht vollen Ersatz bieten.“

Hundert Jahre später wird man in Finnland davon überrascht, dass dort eine gute Schulbildung und möglichst ein Studium für jeden, ganz unabhängig vom Beruf, selbstverständlich sein soll. Besucher sind erstaunt zu hören, dass es nicht der Erwähnung wert ist, wenn dort eine Professorin mit einem Handwerker verheirat ist. Menschen, die sich kennenlernen, fragen auch nicht so schnell nach ihrem Beruf. Und nach dem Beruf des Vaters, so berichten Finnen, wurde in der Schule seit Menschengedenken nie gefragt. Die Frage „wer bist Du?“ statt „was bist Du?“ - das wäre ein etwas anderes Bildungskonzept.

Zurück nach Deutschland und weiter unserem kollektiven Imaginären von Bildung und richtiger Schule auf der Spur.

Nachdem die DDR die sozialistische Einheitsschule eingeführt hatte, war die Idee von einer „Schule für alle“ im Westen tabu. Die „bürgerliche Einheitsschule“, die in den westlichen Industriegesellschaften Bildung zu einem Recht auf Teilhabe macht, wurde kaum zur Kenntnis genommen. Mit dem dreigliedrigen Schulsystem wurde statt dessen weiter der deutsche Sonderweg verfolgt. Er sollte den drei Berufsschichten entsprechen, die der „Deutsche Ausschuss für das Bildungs- und Erziehungswesen“ noch 1963 so unterschied: die „Geistig führenden“, die „Ausführenden“ und die „dazwischen vermittelnde Schicht mit erhöhter Verantwortung.“ Dieser Berufsstruktur die Begabungstypen schienen in natürlicher Harmonie zu entsprechen. Man unterschied die theoretische Begabung fürs Gymnasium und die praktische für die Volkschule, die später zur Hauptschule umgetauft wurde. Der vom „Deutschen Ausschuss“ kreierte „theoretisch-praktische Typ dazwischen“ gehörte in die Realschule.

Bis weit in die 60er Jahre war dieses Modell öffentlich kaum umstritten. Dann veröffentlichte der Philosoph Georg Picht 1964 eine Artikelserie über „Die deutsche Bildungskatastrophe.“ Seine These: Deutschland hinke mit der Zahl von Abiturienten allen vergleichbaren Ländern hinterher. Ein erster deutscher Bildungsaufbruch begann. Studenten zogen zur „Bildungswerbung“ aufs Land. Man sprach von „Bildungsreserven“, die „mobilisiert“ werden sollten. Ralf Dahrendorf schrieb sein Buch „Bildung ist Bürgerrecht“, das den jungen Professor berühmt machte. Hildegard Hamm-Brücher erweiterte mit Berichten von Schulen in anderen Ländern den Horizont. Willy Brandt wollte die „Schule zur Schule der Nation“ machen, die bis dahin viele noch im Militär sahen. Mit der Gesamtschule schließlich sollte Anschluss an die westlichen Länder gefunden werden.

Aber in Deutschland kam bald wieder die Angst vor dem akademischen Proletariat hoch, zumal die Studentenbewegung eine deutsche Revolution proklamierte, die vor allem von ihren Gegnern eine Weile für möglich gehalten wurde. Die Tageszeitung „Industriekurier“, die später im „Handelsblatt“ aufging, titelte 1967: „Demokratie hat in Betrieben so wenig zu suchen wie in Schulen und Gefängnissen.“ Die Protestbewegung der 68er verlagerte sich zunehmend auf die Bildung und blieb damit, ohne es zu wissen, der deutschen Tradition treu, Bildung zum Schauplatz einer Ersatzrevolution zu machen.

„In Deutschland hatten wir Mitte der 60er Jahre für kurze Zeit die Chance auf einen Konsens“, erinnert sich Dieter Wunder, damals Schulleiter einer der ersten Gesamtschulen in Hamburg. Später wurde er Vorsitzender der Gewerkschaft Erziehung und Wissenschaft. Der junge Erziehungswissenschaftler Hans Günther Rolff hatte sein Plädoyer für die Gesamtschule als „Demokratische Leistungsschule“ veröffentlicht. Solche Kompromisse gingen unter, als sich die alte deutsche Rechthaberei mit der 68er Kulturrevolution in Hassliebe verclinchte. „Vorher war ja die Mehrheit der Bevölkerung für eine richtige Schulreform," erinnert sich Hayo Matthiesen, in den 70er Jahren *ZEIT*-Redakteur für Bildung: „56% waren Ende der 60er Jahre für die Gesamtschule."

Dann kam die Blockade. „Die einen sahen das Abendland untergehen" erinnert er sich, „andere erblickten die Morgenröte der Revolution". In Deutschland wurde die Gesamtschule wie nirgendwo sonst überfrachtet. Sie sollte eine emanzipatorische Pädagogik durchsetzen, Chancengleichheit garantieren, die Schule für Schüler und Lehrer humanisieren, und das alles in einem einzigen Kraftakt. Seitdem hat sich das deutsche Bildungsschisma in starren Fronten verhärtet. Gebetsmühlenhaft werden unversöhnliche Positionen ins Gefecht geführt. Fördern oder auslesen? Leistung oder soziales Lernen? So klangen länger als 30 Jahre deutsche Bildungsdebatten. Sogar über *Chancengleichheit* oder *Chancengerechtigkeit* zerstritten sich die Lager. Argumente, die sich gegenseitig hätten befruchten können, wurden voneinander abgeschirmt. In Deutschland regierte das unversöhnliche Entweder-Oder. Gegenpositionen, zu Ende gedacht, schienen regelmäßig in der großen Katastrophe zu enden. Das Thema Bildung wurde mehr und mehr ideologisiert, was wiederum dazu führte, dass die Bevölkerung ihre Aufmerksamkeit und ihr Interesse von diesem entscheidenden Thema abzog.

In den glücklicheren und erfolgreicheren Ländern zum Beispiel Skandinaviens haben anstelle von „Entweder-Oder" die Wörtchen „und" sowie „vielleicht" Tradition. So ist es in Schweden und Finnland selbstverständlich, dass alle ausländischen Kinder die Landessprache lernen müssen und ein Recht auf muttersprachlichen Unterricht haben. In Deutschland wird mancherorts immer noch gestritten, ob nun Deutsch oder muttersprachlicher Unterricht richtig sei.

„Wir waren damals bald alle auf Konfrontation aus," gibt Dieter Wunder zu. Es gab ein regelrechtes Konfrontationsbedürfnis. „Ein Argument, das auch die andere Seite akzeptieren konnte, war verdächtig." Wie war das möglich? Die Linken, zu denen Wunder gehörte, wähnten sich in großer historischer Mission. Dass der anderen Seite aberkannt wurde, dass sie etwas richtig machen könnte und man prinzipiell mit ihr nicht zusammenarbeiten wollte – so Wunder heute - habe sich verheerend ausgewirkt. Die anderen gar zum Klassenfeind zu stilisieren, nennt er „Vulgärmarxismus", der zuweilen eine „Vulgärpädagogik" in der Schulklasse folgte. Die Zeit für Verständigung und Kompromisse schien fürs Erste verspielt.

Auch Kurt Reumann, der fast 40 Jahre in der *Frankfurter Allgemeinen Zeitung* für konservative Bildungspolitik eintrat, sieht mit gemischten Gefühlen zurück. „Mir dreht sich der Magen um, wenn ich höre, dass man Pisa jetzt benutzt, um strikt für oder gegen das dreigliedrige Schulsystem zu kämpfen." Reumann ist inzwischen für etwas Drittes: alle Kräfte bündeln, um die Grundschule zu stärken. Sie müsse man ausbauen, vielleicht auch verlängern. Inzwischen weiß auch er, dass es nicht so sehr auf die Schulform, sondern auf die individuelle Entwicklung der einzelnen Schule ankommt. Damals hingegen kämpfte er für den Erhalt des Gymnasiums, weil er fürchtete, die Bildungsreform sei mit unerträglichen Niveauverlusten verbunden. Dabei, so gibt Reumann zu, „war ich eigentlich gar nicht konstruktiv vom dreigliedrigen System überzeugt", das sei eher eine Verteidigungsposition gewesen. Auch das war typisch für den 30-jährigen Bildungskrieg in Deutschland.

Hayo Matthiesen, der Ende der siebziger Jahre Mitarbeiter des niedersächsischen Kultusministers Werner Remmers (CDU) geworden war, erinnert sich noch an einen denkwürdigen Abend in Celle. Dort wurde Remmers von Eltern mit Eiern beworfen und ausgebuht, und zwar von der eigenen Klientel. Grund: Der Kultusminister hatte nach dem Machtwechsel in Hannover die von der SPD eingerichteten Gesamtschulen nicht geschlossen und die Orientierungsstufe in den Klassen fünf und sechs sogar ausgebaut. Für die Eltern waren solche Maßnahmen, die nach Sozialismus rochen, ein rotes Tuch. Politische Grenzgänger wie Remmers, die einen bildungspolitischen Frieden wollten, hatten keine Chance.

Der ausgebuhte CDU-Minister stellte damals resigniert fest: „Bildung wird bei uns zum Hackbrett gemacht." Und auf diesem Hackbrett wurden Haare gespalten und die größten Weltfragen weichgeklopft. Das ganz irdische Ziel bei den meisten Eltern hieß bald, das eigene Kind, wenn nur irgend möglich, aufs Gymnasium zu schicken. Damit wurde diese Schulform, zumindest in den Großstädten, zur heimlichen Gesamtschule.

Trotz der individuellen Lösung in den Familien ging der Kulturkampf munter weiter, wenn auch bald unter Ausschluss der größeren Öffentlichkeit. Er gab den Konservativen Nahrung für ihre Kulturkritik und ermöglichte den Linken die apokalyptische Sorgenagitation. So pflegten sie gegenseitig ihre Ressentiments. Die Hassliebe zum letzten noch verbliebenen Schlachtfeld für deutsche Glaubenskriege vereinte sie. Der Raum für eine zugleich pragmatische und durchaus über den Tag hinausdenkende Bildungspolitik, wie sie andere Länder begannen, war in Deutschland wieder mal verloren.
Der frühere *ZEIT*-Redakteur Hayo Matthiesen hat nach seiner Tätigkeit im Kultusministerium seinen Rückweg in die Praxis bis in die Schule fortgesetzt. Er ist wieder Lehrer geworden, was er vor seiner Redakteurstätigkeit schon einmal war. Nun ist er pensioniert und auch er beobachtet, obwohl um Zurückhaltung bemüht, wenn er über seine Schule in Schleswig-Hol-

stein spricht, auf Schritt und Tritt den Triumph der Verwahrlosung: „Die Politik hat in den vergangenen 30 Jahren der Schule die Würde genommen. Lehrer werden ständig gedeckelt und gedemütigt.“ Die schlimmste Folge dieser Entwicklung sieht der langjährige Beobachter darin, dass heute der Lehrernachwuchs aus dem schwächsten Drittel der Abiturienten komme, weil alle, die für sich eine Alternative sehen, „mit dieser ausgelaugten Schule nichts mehr zu tun haben wollen.“

Da blicken die Deutschen wieder sehnsuchtsvoll nach Skandinavien. Matthiesen hatte, bevor er Journalist wurde, als Lehrer in schwedischen Schulen gearbeitet. Und er ist nach weit mehr als 30 Jahren von diesem Land immer noch begeistert, weil dort das Lernen unverkrampft ist und Lehrer und Schüler am gleichen Strang ziehen.

VII. Ein Blick zum Wendekreis der Pädagogik

Mats Ekholm, viele Jahre Generaldirektor von Skolverket, der schwedischen Bildungsbehörde, meint, sein Land verdanke die guten Leistungen seiner Schüler ganz wesentlich einer Reform der Lehrerarbeitszeit. Die Pädagogen sind seit Mitte der 90er Jahre 35 volle 60-Minuten-Stunden pro Woche in der Schule. Sie haben dort ihre Arbeitsplätze und sind für die Schüler nicht nur im Unterricht da. Mit ihrer Anwesenheit wurde die Schule zum Lebensort für sie selbst und für die Schüler. Lehrer als Vorbild und als Schulveränderer aus Eigennutz. Denn wenn sie in der Schule ihren Arbeitstag verbringen, dann doch nicht auf den Fluren. Außerdem gewinnen sie seitdem Geschmack an der Zusammenarbeit. Die wurde auch in Schweden den Lehrern nicht in die Wiege gelegt.

Seit Anfang der 90er Jahre wurde den Schulen in Schweden ihre Selbstständigkeit gegeben. Lehrer werden seitdem von Schulleitern eingestellt, die auch die Verhandlungen über die Gehälter führen. Der Beamtenstatus wurde abgeschafft. Jede Schule verfügt über einen Etat, von dem alles bezahlt wird, von den Gehältern bis zu Reparaturen am Gebäude.

Ein dritter Erfolgsgrund schließlich ist die Zusammenarbeit der Schüler. „Schüler lernen am besten von Schülern,“ weiß Ekholm aus seinen Studien. „Die Lehrer helfen den Schülern nun mehr beim Lernen, anstatt sie zu belehren.“ Bedeutende Pädagogen kannten diesen Vorteil schon immer. Der große Johannes Amos Comenius rief bereits vor nahezu 400 Jahren den Schulmeistern zu: „Lehrer, unterrichtet weniger, damit die Schüler mehr lernen.“

Nach einem seiner Besuche in deutschen Schulen fragte ich Mats Ekholm, worin er denn auf Anhieb den größten Unterschied zwischen der deutschen und der schwedischen Schule sehe. Seine Antwort: „Dass die Kinder in deutschen Schulen nichts zu essen bekommen." Ein Satz, der erst verdaut werden musste. Nichts zu essen? Ist Essen denn der Sinn der Schule? Es dauerte, bis die Antwort verarbeitet war.

Essen ist in schwedischen Schulen, die alle Ganztagsschulen sind, so selbstverständlich wie an finnischen Schulen, die zumeist bis 14 Uhr gehen: es ist die präsente Sorge um das Wohlbefinden der Kinder. Es wird gefrühstückt (nicht überall), Mittag gegessen und schon um drei wird wieder Knäckebrot, Margarine und Marmelade aufgetischt. Es geht auch um die Kalorien, natürlich. Aber es ist vor allem eine Frage der Kultur, die sich ja an den Tischsitten ebenso bildet wie an Musik, Literatur und daran, wie die Generationen miteinander umgehen.

Viele Schulen in Skandinavien haben neben Großküchen und Speisesälen kleine Koch- und Essecken in der Nähe der Klassenräume. Das Essen hat auch eine symbolische Bedeutung. Es steht dafür, dass die Schüler etwas bekommen. Und wenn ihnen von den Erwachsenen etwas gegeben wird, eröffnet das ein Spiel, zu dem gehört, dass von den Kindern etwas verlangt wird.

Beim Essen, man möchte fast Gastmahl sagen, findet der Tag Ruhepunkte. Deutsche Besucher staunen, wie gesittet es in großen Speisesälen auch dann zugeht, wenn sich die Pubertierenden ihr Essen holen. Wenn man das Gelingen von Schulen verstehen will, muss man tiefer blicken. Es reicht nicht, sich die Hefte und Abschlussarbeiten anzusehen. Eigentlich müsste man Ethnologen in die Schulen schicken. Was würden sie nicht alles sehen? Worüber würden sie sich wundern?

Weit in die Zukunft reichen die Veränderungen der im Herbst 2001 gestarteten neuen schwedischen Lehrerbildung. „Die Studenten sollen Lernwissenschaftler werden", sagt Eskil Frank, Vizerektor der pädagogischen Hochschule Stockholm. Damit will Schweden eine jahrhundertealte Tradition vom Kopf auf die Füße stellen. Schulen waren, wie überall in der Welt, mit ihren Fächern dem System der universitären Disziplinen nachgebildet. Was oben auf dem Olymp der Wissenschaften als vielbändige Enzyklopädie zusammengetragen wurde, sollte jede Dorfschule zumindest noch als einbändiger Volksbrockhaus erreichen. Nach dem alten Bildungsideal wurde das Wissen vom Himmel der Akademien nach unten zu den Kindern und Jugendlichen abgeseilt, ganz systematisch und Schritt für Schritt. Dazu wurde die Welt in der Schule in Physik, Biologie, Erdkunde und Chemie eingeteilt und Lehrer wurden als Vermittler des Stoffes ausgebildet. Eine

Sisyphosarbeit, der die Pädagogen heute umso weniger gerecht werden können, je schneller das Wissen vermehrt wird. „So, wie die Schule lehrt," protestiert Eskil Frank, „lernt tatsächlich kein Mensch". Seine Kollegin Gunilla Dahlberg, Spezialistin für die Vorschule, ergänzt: „Jedes Gehirn ist eine Baustelle, auf der anders gearbeitet wird." Die Lehrerbildung in Schweden wurde nach solchen Erkenntnissen umgebaut. Selbst handeln, eigene Erfahrungen machen und mit anderen zusammenarbeiten, das bekommt nun Vorrang. Wenn diese Möglichkeiten aus der Schule ausgebürstet werden, verlieren Menschen ihren Antrieb. Deshalb beginnen in Schweden Lehrerstudenten ihr Studium mit Projekten in Schulen oder in Einrichtungen der Kommunen. „Wir wollen in der Lehrerausbildung nicht mehr die Theorie praktizieren, sondern die Praxis theoretisieren," sagt Eskil Frank und fügt hinzu: „Das ist die Kulturrevolution vom Belehren zum Lernen." Und als wollte er noch eins draufsetzen, verlangt er, „die besten Studenten sollten in die Vorschule gehen."

Wohin das führen soll, zeigen in Schweden die „Futurum-Schulen". Besucher trauen ihren Augen nicht. Schon die Architektur erinnert nicht mehr an Schulen, wie man sie kennt. Die große Schule wurde in sechs kleine gegliedert, jede mit 160 Kindern, von Klasse Null, der Vorschulklasse, bis Klasse 9. Man wird durch Ateliers und Labors geführt, sieht Räume, in denen Schüler gemeinsam in Arbeitsgruppen oder still für sich lernen und staunt im Lehrerbüro über Schreibtische, Telefone und Computer. Es gibt sogar ein professionelles Musikstudio. Alle diese Räume sind um runde, lichtdurchflutete Großräume gebaut, die an Markt- oder Dorfplätze erinnern. Beim Besuch einer deutschen Delegation fragt nach zwei Stunden ein Besucher: „Können wir denn auch mal richtigen Unterricht sehen?" Die Schweden lächeln. „Das hier ist unser Unterricht."

„Wir haben viel Freiheit," sagt Markus, ein Schüler der 8. Klasse, in bestem Englisch. „Wenn ich heute Mathe machen will, dann schreibe ich das morgens in mein Logbuch." Das ersetzt den Stundenplan, und die Schüler entscheiden, ob sie ihre wöchentlichen Matheübungen am Donnerstag früh oder am Mittwoch Nachmittag machen. Aber sie müssen gegenüber den Lehrern darüber Rechenschaft ablegen. Zusammenarbeit ist das wichtigste an dieser Schule. „Man ist nicht allein", findet die Lehrerin Agneta Petterson, „das Lehrerteam muss sich sehen und miteinander reden. Das ist der Sinn unserer Art, Schule zu machen."

Der besondere deutsche Weg in der Bildung war den Schweden lange Zeit ein Vorbild. Noch in den 50er Jahren gab es dort grundständige, also mit der 1. Klasse beginnende Gymnasien, die hier zu Lande bereits nach dem 1.Weltkrieg abgeschafft worden waren. Schweden begann Anfang der 60er Jahre, zunächst langsam, einen Schulentwicklungsprozess, der sich seit 20

Jahren in einer Weise dynamisiert, die manchen Schwedenreisenden mit der Frage zurückkehren lässt: schaffen wir den Anschluss?

Ist die Zeit gekommen, dass sich Deutschland Schweden zum Vorbild nehmen sollte? Wollen die Deutschen das? Dabei suchen sich ja die Schweden ihre Anregungen in vielen Ländern, auch in den vielfältigen reformpädagogischen Traditionen aus Deutschland. Jede Schule macht es etwas anders. Die eine Blaupause, die man kopieren müsste, gibt es nicht. Schulen haben die Freiheit, die eine lernende Organisation braucht, um ihre Probleme in Lösungen zu verwandeln.

Schwedische Lehrpläne wurden im Laufe der Zeit dünner. Inzwischen sind es Broschüren. Aber sie werden gelesen. Die Formel für diese Bildungspolitik ist fast so einfach und elegant wie eine von Einstein. Es gibt eine starke, aber kleine politische Zentrale. Sie organisiert landesweit den Konsens über Ziele und sorgt für die nötigen Ressourcen. Ansonsten geht alle Macht an die Schulen und Hochschulen, eben an die vor Ort Handelnden. Die dritte Instanz heißt Evaluation, Rechenschaft geben. Wie das am besten gemacht wird, darüber diskutiert und streitet man heute in Schweden.

Das Bildungssystem basiert auf der *Förskola*. Sie wird von 75 % der Kinder im Alter zwischen eins und fünf besucht. Bei den Sechsjährigen sind es 93%. Sie genießt von allen Bildungseinrichtungen bei der Bevölkerung das höchste Ansehen. 83% der Pädagogen, die dort arbeiten, haben studiert.

Darauf folgt die neunjährige *Grundskola*. Bis Klasse 8 gibt es keine Noten. Eine strikte Leistungsdifferenzierung untersagt das Gesetz. Die Sekundarstufe II (Gymnasium) schließlich vereinigt akademische und berufsvorbereitende Programme. Sie wird von 90% der Jugendlichen besucht. Von den Jugendlichen eines Jahrgangs beginnen über 70 % ein Studium.

Die Ergebnisse: Bei Timss und Pisa war das Land vorn. Bei Iglu, der Untersuchung der Viertklässler, erreichte es Platz 1. Und auf dem Innovationsindex der EU steht Schweden an der Spitze.

Bereits in der *Grundskola* fallen Selbständigkeit, Gelassenheit und Zusammenarbeit der Schüler auf. Ihre Arbeitshaltung beeindruckt die Besucher am meisten. „*Obwohl* es bis zur achten Klasse keine Noten und keine Leistungsdifferenzierung gibt", fragen die Deutschen. Und die Schweden fragen verwundert zurück, „warum sagen Sie eigentlich *obwohl*?"

Eine andere Erfahrung mit dem aufschlussreichen Wort *obwohl* machte man im Tensta-Gymnasium in Stockholm. Gymnasium, wie gesagt, heißt in Schweden die Oberstufe für die 16 bis 19-jährigen. Tensta ist eines der angesehensten Gymnasien, *obwohl* 80 % der Schüler Migrantenkinder sind. Und wiederum wundern sich die Schweden, warum „obwohl"? Mit den Migranten kämen Probleme, ja, aber mit ihnen entstehe viel Neues. In Schweden übrigens nennt man sie Neuschweden.

Die Schule kooperiert in naturwissenschaftlichen Fächern mit der Universität. Da treffen die Neuschweden ständig international zusammengesetzte Teams. Wie in einer Nussschale wird am Umgang mit den ausländischen Kindern unser Problem deutlich. Wir haben ja schon Schwierigkeiten mit den Wörtern. Sagen wir „Ausländer", dann klingt es nicht so, als wollten wir Mitbürger ansprechen. Sagen wir „Migranten", stehlen wir uns politisch korrekt aus der Umgangssprache.

Diese Misere beleuchtet eine viel zu wenig beachtet Studie über Schüler im internationalen Vergleich. In der internationalen CIVIC-Studie über Politische Bildung sind deutsche Schüler Weltmeister in Xenophobie, in der Angst vor Fremden und in der Ablehnung von Fremdem.

VIII. Glokalisierung

Mit Pisa hat die Globalisierung in der Bildung begonnen. Wir müssen uns international vergleichen. Es entsteht eine Chance, die Wolf Lepenies „globale Lerngemeinschaften" nennt. Wer schwedische Schulen besucht hat, sieht anschließend die Schulen in Deutschland anders. Und den Schweden, die durch Deutschland fahren, geht es ebenso. Dort lernt die Hochschuldidaktik derzeit am meisten von der Vorschule, und die schwedische Vorschule wiederum ist von der Reggio-Pädagogik in Norditalien, von der modernen kognitiven Psychologie und auch von der Hirnforschung beeinflusst.

Der mächtigste Effekt der Globalisierung in der Bildung ist nicht die befürchtete McDonaldisierung, sondern die Erfahrung von Differenz. Man muss sich entscheiden, ob man die Fremden und das Fremde begrüßt oder darin ein störendes Problem sieht. Ist es ein Vorteil oder ein Nachteil, verschieden zu sein? Nutzen wir die Unterschiede zwischen den Menschen zur Steigerung von Individualität und Intelligenz oder wollen wir möglichst homogene Gruppen? Nimmt die Schule die Kinder wie sie sind, um sie möglichst weit zu bringen, oder fragt sie, ob die Schüler für die Schule geeignet sind? Unterrichten die Lehrer ihre Fächer oder unterrichten sie Kinder und Jugendliche?

Deswegen sprechen die klugen Beobachter gar nicht mehr von *Globalisierung* sondern von *Glokalisierung*. So gewöhnungsbedürftig das Wort ist, wenn man es zum ersten Mal hört, so klar ist seine Botschaft. Mit dem „G" wird ein neues Vorzeichen vor das Lokale gesetzt. *Glokalisierung* heißt, das Globale und das Lokale werden wie eine Doppelspirale ineinander verschränkt. Kein Entweder-Oder, wie in den „Himmel-oder-Hölle"-Spielen der abendländischen Tradition, eher eine asiatische Yin–Yang Spannung, in der die höhere Aufladung des einen Pols nach der Steigerung des anderen verlangt.

In Zeiten der Globalisierung kommt es auf die Orte an. Es werden geschützte Räume gebraucht, in denen Talente gedeihen. Wir brauchen Treibhäuser der Zukunft, nicht bloß Qualifizierungsagenturen, in denen Wissen vermittelt wird und Zertifikate vergeben werden. Wir brauchen Häuser, in denen trächtige Atmosphären angesetzt werden, damit in ihnen Ideen, also etwas Noch-nie-da-Gewesenes, Zukunft eben, auskristallisieren können.

Das große Brainstorming, wie solche Orte zur Steigerung der Intelligenz und zur Kultivierung des Zusammenlebens aussehen sollen, beginnt heute auf der ganzen Welt. Das könnte einer der interessantesten Effekte von Glokalisierung sein. Es kommt nun drauf an, was wir daraus machen.

So, wie die Universität in der Lage ist, von der Vorschule zu lernen, können sich die Bildungseinrichtungen von Unternehmen, die lernende Organisationen werden, ein Scheibe abschneiden. Und man erkennt bald, dass es weniger um Programme oder andere Regularien geht, sondern darum, Raum und Zeit zu „Gelegenheitsstrukturen" zu gestalten, in denen das Neue eine Chance hat.

Ein Beispiel: Ich erinnere mich an ein Gespräch mit dem Physiker Hans Günther Danielmeyer. Bevor er zu Siemens in den Vorstand wechselte, war er Gründungspräsident der Technischen Universität Hamburg-Harburg. Seine Grundidee war: eine gute Universität muss übersichtlich sein. Wenn der Bedarf steigt, lieber eine zweite daneben setzen. Wenigstens 15 Prozent ihrer Zeit sollte den Wissenschaftlern für Informelles bleiben. Es müsste sich einfach ergeben, dass zum Beispiel ein Maschinenbauer einen Biochemiker trifft, und dass sich dann vielleicht die Ideen und Probleme des einen mit den Nöten und Überschüssen des anderen zu etwas kreuzen, das man nie hätte planen können. Die Hochschule als ein Treibhaus für geistige Mutationen und ein Kloster für deren Prüfung. In solchen Klimaräumen muss so verschwenderisch mit Möglichkeiten gespielt werden können, wie es die Natur in der Evolution vorgemacht hat. Ähnlich sieht es Hans-Jörg Rheinberger, Direktor am Max-Planck-Institut für Wissenschaftsgeschichte in Berlin. Er untersucht, wie Neues entsteht. Wie ein Archäologe durchsucht er die Disziplinen und fand, dass nach den entscheidenden Entdeckungen gewöhnlich gar nicht gesucht worden ist. Man stieß auf sie, während eigentlich etwas anderes ergründet werden sollte. Aber auch absichtloses Forschen ist kein Königsweg. Der Blick muss Ziele fokussieren, und zugleich muss die Aufmerksamkeit anderes als das Gesuchte wahrnehmen können. In seiner Studie über die Entdeckung der Proteinsynthese zeigt Rheinberger, wie in einem Labor in Boston nicht zuletzt Abweichungen, die an künstlerische Verfahren erinnern, zum Erfolg beigetragen haben. Das Neue kommt als Unvorhergesehenes zur Welt. Es lässt sich weder im Rahmen eines theoretischen Systems noch als experimentelle Notwendigkeit prognostizieren. Damit das Neue eine Chance bekommt, braucht es neben guter Atmosphäre und Neugier noch etwas Drittes, das, was nicht aufgeht, das Missverständnis.

„Wir gehen nie weiter, als wenn wir uns missverstehen," schreibt Rheinberger und fährt fort: „Das Differential des Missens ist dasjenige, was bewirkt, dass es sozusagen haarscharf daneben gehen kann. In diesem haarscharfen Spalt tut sich ab und zu etwas Neues auf." Ist eine Mutter aller Innovation das Missverständnis? Ja, eine, sagt der Wissenschaftstheoretiker. Der Biologe und Nobelpreisträger Francoise Jacob nannte jene Labore, in denen solche Missverständnisse gelingen, „Maschinen zur Herstellung von Zukunft".

Was aber ist Zukunft? Aufschlussreich ist die japanische Tradition, die dafür gar kein Wort hatte. Zukunft war vielmehr eine Lücke, die man in der Gegenwart lässt. In ihr nistet sich gewissermaßen Zukunft ein. Eine Zukunft, die man plant oder schon zu kennen meint, ist keine. Unter der falschen, aber laut knatternden Flagge Zukunft wird sie vernichtet. Man möchte den Fetischisten von Innovation und Zukunft einen Satz von Schopenhauer hinterherrufen: „Alle arbeiten sie für die Zukunft, dieser opfern sie ihr Daseyn; und die Zukunft macht Bankrott."

IX. Auf Euch gewartet...

Scheinbar kleine Unterschiede haben es in sich. Nehmen wir den Satz, der neutral und leidenschaftslos heißt: „Auf Euch haben wird gewartet." Klingt er so: „Hey, kommt her, wir machen hier was Tolles. Ihr seid schon ganz gut, aber da steckt doch noch viel mehr in euch." Oder tönt der Satz mit den gleichen Buchstaben so: „Auf Euch haben wir gerade noch gewartet". Ein Tonfall, der manchem bekannt vorkommt. „Mich wundert schon gar nichts mehr... Ihr werdet noch euer blaues Wunder erleben...". Gewiss, auch wir haben Schulen, in denen die nächste Generation freudig empfangen und zum Zusammenleben eingeladen wird. Und seit mit einer neuen Bewegung für Ganztagsschulen die Bedeutung der Schulkultur und die Wirksamkeit der Atmosphäre entdeckt wird, werden es immer mehr. Schulen, in denen es von Anfang an selbstverständlich ist, dass jeder anders ist und dazugehört. Aber man muss zugeben, der Normalfall ist so eine Begrüßung in Deutschland immer noch nicht. Weder in der Schule noch in der Hochschule, wo in manchen Fächern Studienanfänger zu hören bekommen: die meisten von Ihnen gehören gar nicht hierher. Tatsächlich haben wir in Deutschland im internationalen Vergleich eine niedrige Quote von Studienanfängern und eine sehr hohe Quote von Studienabbrechern. Das ist nicht rein fachlich zu erklären. Es liegt an dem Mangel daran, Menschen, so wie sie sind anzuerkennen, ja, sie zu mögen, ihnen etwas zuzutrauen, um dann gemeinsam etwas anzufangen.

Ein zweiter Versuch, mit einer anderen Betonung die Bedeutung zu verändern. Der unbetonte, gewissermaßen digitale Satz heißt: „Die machen, was sie wollen". Ist das die Chiffre für Chaos und Beliebigkeit oder liegt darin Hochachtung, weil jemand wirklich etwas will? Etwas Eigenes tatsächlich in die Welt setzen will? Das verlangt abermals, die Institution als Möglichkeit anzusehen, den Raum und die Zeit dafür zur Verfügung zu stellen, um dieses Eigene herauszufinden und zu kultivieren. Dann ist der Satz, „jeder wird gebraucht" keine Floskel mehr. Georg Christoph Lichtenberg sagte: „Jedermann ist des Jahres zu mindest einmal ein Genie." Das ist ja weder selbstverständlich noch banal. Es kommt darauf an, was man anderen zutraut, wenn sie etwas wollen. Überwiegend Kreation oder überwiegend Destruktion? Wird der Freund begrüßt oder der Feind in Schach gehalten? In welchen Erwartungshorizont wird ein Kind hineingezogen, welche Welt bietet man Jugendlichen an?

Und noch eine dritte Betonungsübung. Der digitale Satz könnte heißen: „Hast Du heute schon einen Fehler gemacht?" Das Wort Fehler ruft Erinnerungen an die Schule hervor oder, nach der Schule, an zu Hause. „Was hast Du da nur wieder für Fehler gemacht?" Gereizte Fragen der Eltern beim Mittagessen. Den Vormittag schon hatte sich die pädagogische Inquisition an Mathe, Latein und Erdkunde erprobt. Nichts falsch machen! Das erstes Gebot vieler Stunden heißt: habe keine andere Lösung neben mir!

„Hast Du heute schon einen Fehler gemacht?" Neuerdings versuchen es Unternehmen mit einer anders betonten Mittagsmeditation. „Hast du heute schon einen Fehler gemacht," dient nun der Selbsterforschung. Habe ich schon etwas gewagt? Der Fehler gilt als Eintragung im mentalen Pass für Scouts. Am Fehlversuch geben sich Grenzgänger zu erkennen. Wer Neuland betritt, macht Fehler, unweigerlich. Wer keine gemacht hat, der hat sich nicht bewegt.

Natürlich geht es nicht darum, alte dumme Fehler zu wiederholen, sondern neue, intelligente Fehler zu wagen. Heute, im Übergang von der Industriegesellschaft zu einer Gesellschaft, die auf die Produktion von Wissen und von sozialen Netzen umstellt, verblasst das Leitbild vom Menschen, der wie ein Automat ausführen soll, was ihm vorgeschrieben wurde.

Fehlerverbote sind Entwicklungsverbote. Was, wenn die menschliche Fehlerhaftigkeit - oder sollten wir nicht lieber Fehlerfähigkeit sagen - besiegbar wäre? Endgültig! Für Zukunft würde kein Platz mehr sein. „Perfektion," schrieb T. S. Elliot „bekommt keine Kinder," sie ist steril." „Irren ist die Bedingung des Lebens." Das war für Friedrich Nietzsche eine schwer errungene Erkenntnis, denn er war zunächst über sein Leiden an der Unvollkommenheit der Welt so verzweifelt, dass er die Geburt als den größten Fehler ansehen wollte.

Eine Schule, in der man Fehler machen darf, eine Schule, die Raum und Zeit bietet, etwas über sich und die Welt heraus zu finden, eine, in der man auch schon morgens früh willkommen ist und die am Nachmittag und Abend ihre Werkstätten anbietet, das wäre eine Schule, in der tatsächlich Zukunft entsteht.

Im Zeitalter der Glokalisierung brauchen alle Menschen, was Goethe in seiner Zeit eher vergeblich als Ziel der Bildung verlangte: Wurzeln und Flügel.

Curriculum Vitae Reinhard Kahl

Reinhard Kahl, Journalist, sowie Autor, Regisseur und Produzent von Fernseh- und Videodokumentationen.

Im Zentrum seiner Arbeit stehen die Lust am Denken und Lernen, die Qual, belehrt zu werden und die endlosen Dramen des Erwachsenwerdens.

Geboren 1948 in Göttingen. Studium der Erziehungswissenschaften, Philosophie, Soziologie und Psychologie in Frankfurt und Hamburg.
Während des Studiums Mitarbeit bei verschiedenen Rundfunksendern.

1973 Wissenschaftlicher Assistent. Seit 1975 Journalismus als Beruf, zunächst frei, zwischenzeitlich beim NDR, dann wieder frei.

Mitarbeit u.a. in DIE ZEIT, GEO, WELT, SZ und taz.
Kolumne „P.S." in der Zeitschrift PÄDAGOGIK.
Im Hamburger Literaturhaus Gastgeber des monatlich stattfindenden Philosophischen Cafés und im Stuttgarter Literaturhaus Gastgeber des Stuttgarter Bildungsdiskurses.

1986 erhielt Reinhard Kahl den Wang-Journalisten-Preis für die NDR Fernsehsendung "Der kleine Bruder – wie Computer die Welt verändern".

1987 (mit anderen) den Grimme-Preis für die NDR Serie "Kindsein ist kein Kinderspiel".

1996 CIVIS-Preis und Preis der CIVIS-Jugend-Jury für die fünfteilige ZDF/3sat Serie "Aufbruch – die Kraft der Einwanderer".

Andere größere Fernsehproduktionen u.a.:
„Studieren und kein Land in Sicht" (zehnteilige Reihe im NDR)
„Lob des Fehlers" (sechsteilige Reihe in den 3. Pogrammen der ARD)
Videodokumentationen für die Bertelsmann Stiftung u.a.:
„Die stille Revolution – Das Durham Board of Education in Kanada"
„Die Zukunft erfinden – Die Erneuerung der Berufsausbildung in Dänemark"

Schon sehr lange in Vorbereitung das Buch „Lob des Fehlers".

Reinhard Kahl lebt in Hamburg, ist verheiratet und hat eine Tochter.

Und was in so einer Vita selten steht, das ist die wichtige Schule der Rebellion (und dann die Abkehr von der Rebellion): 1967 Gründung einer antiautoritären Schülergruppe in Göttingen, dann Bundesvorsitzender des AUSS (Aktionszentrum unabhängiger und sozialistischer Schüler). Später die Entdeckung, dass Rebellion allein nicht weiter hilft, die List von Fehlern aber um so mehr.

Weitere Projekte des Archivs der Zukunft

Spitze – Schulen am Wendekreis der Pädagogik
Was die Pisa-Sieger in Skandinavien auszeichnet
Ca. 4 Stunden Filme, Interviews und Exkurse

Lernen – die Entdeckung des Selbstverständlichen
Ein Vortrag von Manfred Spitzer; ca. 150 Minuten

Schule kann gelingen
Eine Dokumentation über die Helene-Lange-Schule in Wiesbaden und deren langjährige Leiterin Enja Riegel
ca. 7 Stunden Filme, Interviews und Exkurse
Doppel- DVD

Das Jacobs Sommercamp (AT)
Eine Dokumentation über Sommerferien mit Theater und Deutsch-Lernen
Durchführt vom Max-Planck-Institut für Bildungsforschung;
ermöglicht von der Jacobs-Foundation

Träges und intelligentes Wissen
Ein Vortrag von Elsbeth Stern

Alle Filme werden auf DVD und VHS angeboten. Die VHS allerdings ohne Exkurse.

Die Produkte des Archiv der Zukunft können bei der Deutschen Kinder- und Jugendstiftung, bei Beltz Media Service und auch über den Buchhandel bestellt werden.

Deutsche Kinder- und Jugendstiftung,
Tempelhofer Ufer 11, 10963 Berlin

archivderzukunft@dkjs.de
www.dkjs.de

Resonanzen auf den Film „Treibhäuser der Zukunft“

HAMBURGER ABENDBLATT 11. 9. 2004:

Kahls Film hat eine stimulierende Botschaft: Es geht also doch! Schule, die Spaß macht, Lehrer, die engagiert sind und Leistungen weit über dem Durchschnitt erzielen.
Was ist das Geheimnis dieser Schulen? Die Grundhaltung zunächst, dass jedes Kind so genommen wird, wie es ist. Nicht die im dreigliedrigen System angestrebte homogene Lerngruppe bringt die Schüler voran, vielmehr die heterogene, oft sogar altersgemischte Gruppe, in der die Großen den Kleinen auf die Sprünge helfen. „Es ist ein Vorteil, verschieden zu sein“, sagt Rektor Alfred Hinz von der Bodensee-Schule in Friedrichshafen.
So ein Film gehört ins Fernsehen – zur besten Sendezeit.

DIE ZEIT 1. 7. 2004

Nun hat der Bildungsexperte Reinhard Kahl, der auch für die ZEIT schreibt, einen Film gedreht, der von solchen gelingenden Schulen handelt, nicht in Kanada, nicht in Skandinavien, sondern gleich um die Ecke, in Deutschland: Treibhäuser der Zukunft. Wer nicht mehr glauben wollte, dass auch hierzulande Schulen Lebensorte sein können, die zum Lernen Zeit lassen, in denen Lust und Leistung, Selbstständigkeit und Zusammenarbeit kein Widerspruch sind, der wird seinen Augen kaum trauen. Kahl macht den Ideologen gut gelaunt einen Strich durch die Rechnung, denn alle Schultypen sind dabei, aus allen Teilen des Landes. Zu schön, um wahr zu sein, müsste der rundum besorgte Deutsche da denken. Ist aber wahr, und zwar hier.

BADISCHE ZEITUNG 18. 10. 2004

E in Film macht Schule. Er zeigt ungewöhnliche Bilder: eigenwillige Lernorte mit fröhlichen Schülern, selbstbewussten Lehrern, zufriedenen Eltern, überdurchschnittlichen Leistungen. Nicht im fernen Finnland, Schweden oder Kanada, sondern mitten in Deutschland: in Friedrichshafen am Bodensee, in Potsdam, Jena, Eichstätt, Hamburg oder Herten. „Treibhäuser der Zukunft“ nennt der Hamburger Journalist und Filmautor Reinhard Kahl diese Klassen- und Lehrerzimmer. Es sind Schulen, in denen sich Lust und Leistung nicht beißen, sondern steigern.

TAZ 7.7. 2004

Kahl spricht nicht über Schulen. Er führt uns hinein, er schließt Lernorte für uns auf, von denen wir gar nicht wussten, dass Klassen- und Lehrerzimmer so überhaupt aussehen können. Lernen scheint anders zu werden – auch in Deutschland.

Dass er nicht fremdelt, ist also der erste Vorzug, den der 115-minütige Streifen hat. Der zweite, vielleicht bedeutsamere ist der: Es wird nicht gejammert, kaum einer schimpft, niemand lädt die Schuld für das vermaledeite Lernen bei anderen ab. Es kommen keine Lehrer vor, die über untätige Kultusminister oder faule Schüler schimpfen. Der Grundton des Personals, das zu Wort kommt, ist ein selbstbewusster. Das ist sehr ungewöhnlich.
Reinhard Kahl versucht mit seinem Film, plausibel zu machen, dass Schule so langweilig nicht weitergehen darf. Dabei skandalisiert er das alte Lernen kaum. Und macht um das neue Lernen für die Wissensgesellschaft auch kein großes Gewese. Kahl kann dokumentieren, dass das Lernen in der Zukunft ein anderes sein wird. Das mehr mit Begreifen, mit Experimentieren und Forschen zu tun hat als mit Pauken. Dafür sammelt Kahl viele Beispiele. Einen Professor etwa, der im katholischen Eichstätt die Universität verlässt und in die Schule geht. Nur unterrichtet Jean-Pol Martin nicht etwa selbst. Er macht die Schüler zu Lehrern, die KlassenkameradInnen unterrichten sich gegenseitig – mit aller Nonperfektion und Improvisation, die das mit sich bringt. „Unterrichten heißt", so erklärt der Professor sein Prinzip, „Widersprüche entstehen lassen, damit sie geklärt werden."
Der große Nachteil der Pädagogen ist, dass sie, wenn sie beschreiben sollen, wie gutes Lernen aussieht, furchtbar ins Schwafeln kommen. Bildung ist ein so wahnsinnig komplexer Prozess, dass am Ende eines Lehrervortrags oft unglaubliche Banalitäten herauskommen. Der Vorteil von Kahls Film ist, dass dort Lehrer das Prinzip neue Schule in unnachahmliche, ganz einfache Sätze packen.

DIE WELT 9. 7. 2004

Das Publikum ist gerührt, wenn es Kinder sieht, die ganz offensichtlich freiwillig zur Schule gehen, die Freude daran haben, etwas fürs Leben zu lernen. Und es sieht, dass es entgegen den vielen Negativschlagzeilen viele Lehrerinnen und Lehrer in diesem Land gibt, die mit Idealismus, Tatkraft und einer großen Portion Lebensfreude täglich an ihr Werk gehen. Die Kinder selbst, das will uns Kahls Film lehren, honorieren das mit Leistung. Reinhard Kahl hat sich mit seinem Kamerateam im Schulalltag herumgeschlagen. Er ist ein guter Interviewer und Beobachter. Bis zur Begleitmusik passt alles in dem Film – die Dramaturgie, die Kameraführung. Man lacht sehr viel. Dass Kahl selbst ein Parteigänger ist, dass er sich nur zu gerne in alternative Schulprojekte verliebt, kann und will er wahrscheinlich auch gar nicht verhehlen.

SÜDDEUTSCHE ZEITUNG 19. 7. 2004

Aus mehr als 200 Stunden Material hat Filmemacher und SZ-Autor Reinhard Kahl das Bild einer möglichen Zukunft montiert, die in manchen Schulen längst begonnen hat. Zugleich wird der Abstand zum häufig tristen Alltag des üblichen Unterrichts deutlich. Dort herrscht, wie die Berliner Kognitionspsychologin Elsbeth Stern im Film bemerkt, noch eine ‚Osterhasenpädagogik", wenn Lehrer ‚Wissen verstecken, das die Schüler suchen sollen." In jenen Schulen aber, in denen intelligentes Wissen die Leistungen verbessert und Lernen eine Vorfreude der Kinder auf sich selbst ist", wird die Verschiedenheit der Kinder als Vorteil entdeckt und die Zeit ebenso rhythmisiert wie der Raum kultiviert.

www.archiv-der-zukunft.de

Dokumentation, Theorie, Chat, Hinweise

Alle Filmskripte, auch die der Kurzfassungen; Skripte der acht Exkurse „Im Fokus“; Skripte aller Interviews

Hinweise auf weitere Produkte und Vorhaben des „Archiv der Zukunft“ und deren fortlaufende, detaillierte Dokumentation

Dokumentation und Chat zu Schulen, die gelingen

Porträts der Akteure

www.reinhardkahl.de

Dokumentation der fortlaufen Arbeit, Texte und Veranstaltungen

www.dkjs.de

Das Portal zu allen Aktivitäten der deutschen Kinder- und Jugendstiftung

www.ganztaegig-lernen.de

www.ganztagsschulen.org

Die beiden Internetseiten zu für eine neue Kultur des Lernens

ISBN 3-9809294-3-4 (DKJS)
ISBN 3-407-85830-2 (BELTZ)

1. Auflage 2004